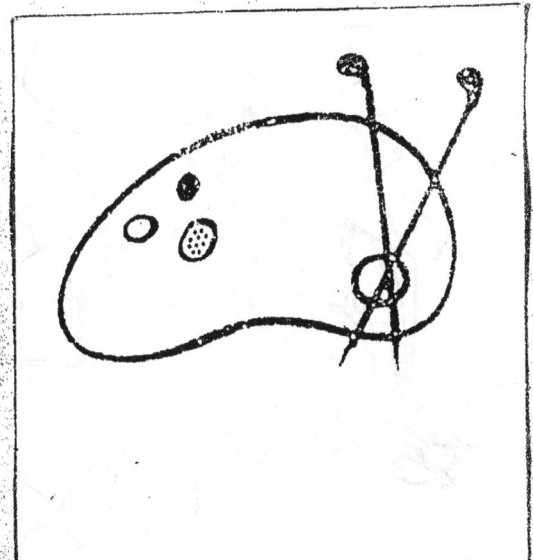

Début d'une série de documents en couleur

EN VENTE A LA LIBRAIRIE E. DENTU, ÉDITEUR

Collection grand in-18 jésus à 3 francs le volume

LA SORCIÈRE ROUGE. 4e édition............	3 vol.
LE VENTRILOQUE. 4e édition..............	3 vol.
LE SECRET DE LA COMTESSE. 5e édition.....	2 vol.
LA MAITRESSE DU MARI. 5e édition.........	1 vol.
UNE PASSION. 4e édition.................	1 vol.
LE MARI DE MARGUERITE. 13e édition.......	3 vol.
LES TRAGÉDIES DE PARIS. 7e édition.......	4 vol.
LA VICOMTESSE GERMAINE (suite des *Tragédies de Paris*) 7e édition........................	3 vol.
LE BIGAME. 6e édition...................	2 vol.
LA BATARDE. 3e édition..................	2 vol.
UNE DÉBUTANTE. 3e édition...............	1 vol.
DEUX AMIES DE SAINT-DENIS. 3e édition....	1 vol.
SA MAJESTÉ L'ARGENT. 5e édition..........	5 vol.
LES MARIS DE VALENTINE. 3e édition.......	2 vol.
LA VEUVE DU CAISSIER. 3e édition.........	2 vol.
LA MARQUISE CASTELLA. 3e édition.........	2 vol.
UNE DAME DE PIQUE. 3e édition............	2 vol.
LE MÉDECIN DES FOLLES. 4e édition........	5 vol.
LE PARC AUX BICHES, 3e édition...........	2 vol.
LE CHALET DES LILAS, 3e édition..........	2 vol.
LES FILLES DE BRONZE, 3e édition.........	5 vol.
LE FIACRE N° 13, 4e édition..............	4 vol.
JEAN-JEUDI, 3e édition...................	2 vol.
LA BALADINE, 2e édition..................	2 vol.
LES AMOURS D'OLIVIER, 2e édition.........	2 vol.

Gustave Aimard.	Le Chasseur de Rats. 2 vol.	6 »
Philibert Audebrand.	L'Enchanteresse. 1 vol.	3 »
Adolphe Belot.	Folies de Jeunesse. 1 vol.	3 »
F. du Boisgobey.	La Jambe Noire. 2 vol.	6 »
Edouard Cadol.	Le Cheveu du Diable. 1 vol.	3 »
Jules Clarétie.	Le Train 17. 1 vol.	3 50
Champfleury.	La Petite Rose. 1 vol.	3 »
Eugène Chavette.	La Chasse à l'Oncle. 2 vol.	6 »
Alphonse Daudet.	Jack. 2 vol.	6 »
Albert Delpit.	Le Mystère du Bas-Meudon. 1 vol.	3 »
Charles Deslys	Le Serment de Madeleine. 1 vol.	3 »
Em. Gonzalès.	Les Danseuses du Caucase. 1 vol.	3 50
Hector Malot.	Le Colonel Chamberlain, etc. 4 vol.	12 »

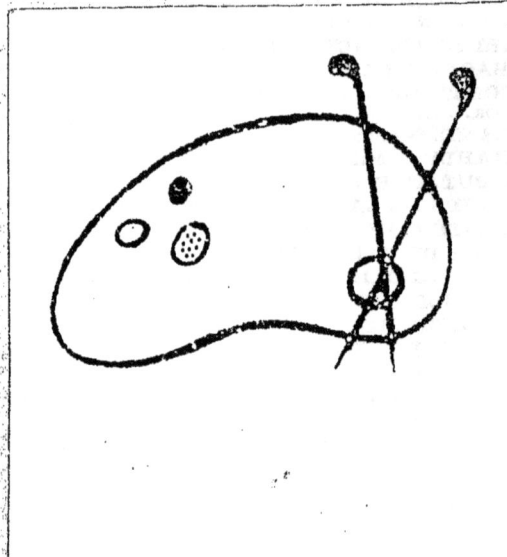

Fin d'une série de documents en couleur

SON ALTESSE L'AMOUR

I

PAR LES FEMMES

LIBRAIRIE DE E. DENTU, ÉDITEUR

OUVRAGES DU MÊME AUTEUR

Collection grand in-18 jésus à 3 francs le volume

LE MARI DE MARGUERITE, 13e édition..........	3 vol.
LES TRAGÉDIES DE PARIS, 7e édition..........	4 —
LA VICOMTESSE GERMAINE, 7e édition.........	3 —
LE BIGAME, 6e édition.....................	2 —
LA MAITRESSE DU MARI, 5e édition...........	1 —
LE SECRET DE LA COMTESSE, 4e édition.......	2 —
LA SORCIÈRE ROUGE, 4e édition..............	3 —
LE VENTRILOQUE, 4e édition.................	3 —
UNE PASSION, 4e édition....................	1 —
LA BATARDE, 3e édition....................	2 —
LA DÉBUTANTE, 3e édition..................	1 —
DEUX AMIES DE SAINT-DENIS, 4e édition......	1 —
SA MAJESTÉ L'ARGENT, 5e édition...........	5 —
LES MARIS DE VALENTINE, 3e édition.........	2 —
LA VEUVE DU CAISSIER, 3e édition...........	2 —
LA MARQUISE CASTELLA, 3e édition...........	2 —
UNE DAME DE PIQUE, 3e édition.............	2 —
LE MÉDECIN DES FOLLES, 4e édition..........	5 —
LE CHALET DES LILAS, 3e édition............	2 —
LE PARC AUX BICHES, 3e édition............	2 —
LES FILLES DE BRONZE, 3e édition...........	5 —
LE FIACRE N° 13, 4e édition.................	4 —
JEAN-JEUDI, 3e édition.....................	2 —
LA BALADINE, 2e édition...................	2 —
LES AMOURS D'OLIVIER, 2e édition..........	2 —

SOUS PRESSE :

SON ALTESSE L'AMOUR.
LES FILLES DU SALTIMBANQUE.
LA MAITRESSE MASQUÉE.
MADEMOISELLE LOUIS XIV.

F. Aureau. — Imprimerie de Lagny.

XAVIER DE MONTÉPIN

SON ALTESSE
L'AMOUR

DRAME PARISIEN

I

PAR LES FEMMES

PARIS
E. DENTU, ÉDITEUR
LIBRAIRE DE LA SOCIÉTÉ DES GENS DE LETTRES
PALAIS-ROYAL, 15-17-19, GALERIE D'ORLÉANS

1881
Tous droits réservés

SON ALTESSE L'AMOUR

DRAME PARISIEN

PREMIÈRE PARTIE

PAR LES FEMMES

I

Au mois de septembre de l'année dernière on lisait, sur deux plaques de marbre noir scellées à droite et à gauche de la porte cochère d'une assez belle maison de la rue de la Victoire, ce nom et ces mots, en lettres de cuivre doré :

MALPERTUIS

CONTENTIEUX — RECOUVREMENTS

L'étude Malpertuis jouissait d'une grande notoriété dans Paris.

Les deux plaques qui lui servaient d'enseigne

n'affichaient aucune prétention, mais que de sous-entendus cachait cette simplicité voulue !

Le directeur de l'officine dont il s'agit s'occupait non seulement de recouvrements et de contentieux, mais d'affaires d'usure, de mariages riches, de prêts d'argent, d'avances sur titres, sur droits successifs, sur simple signature, sur pensions civiles et militaires, d'achats de créances, de placements de capitaux, de ventes de propriétés de ville, de campagne, et de fonds de commerce, d'opérations de Bourse, de renseignements commerciaux, de renseignements confidentiels (*dans l'intérêt des familles*), de recherches de débiteurs, de tout, enfin, de tout, et de quelques autres choses encore ! *De omni re scibili, et quibusdam aliis!*

La porte cochère qu'encadraient les plaques-annonces donnait accès, par un passage voûté, dans une large cour formant un carré parfait.

Sur chacune des quatre faces de ce carré s'élevait un corps de logis haut de cinq étages.

L'étude Malpertuis, — (on disait l'*étude* et non l'*agence*), — se trouvait dans le bâtiment du fond.

Elle occupait tout le premier étage, partagé entre les bureaux et l'appartement particulier du directeur.

Cet appartement particulier était de dimensions très restreintes et se composait simplement d'une chambre à coucher, d'une salle à manger et d'une cuisine.

Le reste de l'étage, — c'est-à-dire un grand salon et deux autres pièces, — servait de *cabinet* et de *bureaux*.

Une vaste antichambre précédait ces bureaux qu'il fallait traverser pour arriver au cabinet ; mais des grillages doublés de percaline verte ne permettaient guère aux commis de voir les visiteurs, et réciproquement.

Ces commis, au nombre de six, étaient travailleurs et se recommandaient par une tenue soignée.

— Rien ne sentait, rue de la Victoire, l'agence besoigneuse destinée fatalement à finir en police correctionnelle après vaporisation complète des cautionnements de ses employés.

Tout était meublé d'une façon, sinon luxueuse, du moins cossue. — Ni plaqué ni moleskine. — Acajou massif et basane verte.

De confortables fauteuils, d'une solidité à toute épreuve, garnissaient l'antichambre métamorphosée en salon d'attente. — Un garçon de bureau, en habit gris à boutons d'argent, recevait les clients et les introduisait, soit auprès du commis principal, soit dans le cabinet de M. Malpertuis.

Les portes étaient doubles et capitonnées.

Pas un mot dit à haute voix dans une pièce ne pouvait être entendu dans la pièce voisine.

L'étude aurait pu prendre pour devise, comme autrefois certaines échoppes d'écrivains publics, ces mots : *Au tombeau des secrets!...*

Dans l'antichambre et dans les bureaux on voyait des cartonniers étagés comme chez un avoué ou chez un notaire.

Des affiches de toute nature occupaient les places vides, annonçant des ventes après décès, des ventes sur licitation, des ventes par autorité de justice, des appels aux actionnaires, etc., etc...

Le cabinet du directeur, sévère et même un peu sombre, était meublé tout en poirier noirci et sculpté.

Les rideaux et les portières, en velours vert foncé, étalaient leurs plis lourds.

Un épais tapis de moquette d'un seul ton couvrait le parquet.

Une garniture de cheminée d'un assez bon style, quatre tableaux de maîtres anciens, quelques bronzes et un immense bureau couvert de papiers, les uns en liasse et les autres épars, complétaient le mobilier.

Nous avons dit plus haut que l'étude occupait six employés.

Outre ce personnel intérieur, Malpertuis avait des agents au dehors et des correspondants à l'étranger, — agents et correspondants nombreux, nous ne tarderons pas à savoir pourquoi.

L'étude, ouverte à neuf heures du matin, se fermait à cinq heures du soir ; mais Malpertuis n'était visible, le matin que de neuf à onze, et le soir de quatre à cinq.

Lui seul traitait les affaires importantes.

Son principal employé, — son maître clerc, si l'on veut, — dépouillé de toute initiative, devait se borner à prendre des notes et à exécuter religieusement les ordres du maître.

Neuf heures et demie venaient de sonner.

Les employés travaillaient silencieusement.

Aucun client n'avait encore paru.

Malpertuis, seul dans son cabinet, dépouillait une volumineuse correspondance. — Ce personnage était un homme de trente-sept ans environ, mais qui paraissait un peu plus âgé.

Les péripéties d'une existence passablement orageuse avaient laissé sur son visage, assez agréable du reste, de visibles empreintes.

Les cheveux châtains s'éclaircissaient au sommet du crâne et s'argentaient sur les tempes.

Des rides plus nombreuses que profondes sillonnaient le front.

L'éventail de la *Patte d'Oie* rayait l'angle externe des paupières qu'un cercle de bistre entourait.

Le teint manquait absolument de fraîcheur ; — l'œil, d'un bleu pâle, était voilé.

L'ensemble de la physionomie semblait sérieux et méditatif, mais l'épaisseur des lèvres donnait à la partie inférieure du visage un cachet particulièrement sensuel et décelait l'homme épris de tous les plaisirs, le jouisseur.

Malpertuis portait de longs favoris en nageoires,

dans lesquels il passait, deux ou trois fois par quart d'heure, un petit peigne d'écaille.

Il prenait de toute sa personne un soin méticuleux et savait imprimer un cachet d'élégance britannique au costume invariablement noir que la gravité professionnelle lui imposait.

Les lettres, qu'il parcourait d'un coup d'œil ou qu'il lisait avec soin, étaient les unes jetées au panier, les autres classées et numérotées, selon le plus ou moins d'importance de leur contenu.

L'homme d'affaires arrivait à la fin de sa tâche.

Il ne lui restait plus à examiner que trois ou quatre lettres.

Celle qu'il prit au hasard portait le timbre de New-York.

D'un coup de canif il trancha l'enveloppe, puis il laissa tomber sur la feuille qu'elle contenait un regard sans chaleur.

Mais, dès qu'il eut parcouru les premières lignes, l'expression de sa physionomie se modifia brusquement; un éclair jaillit de ses yeux voilés; un vague sourire écarta ses lèvres lippues :

— Douze millions ! — murmura-t-il avec un petit ricanement joyeux, en clignant ses paupières molles. — Un héritage de douze millions échéant à une femme dont la trace est perdue!... C'est un joli denier... Riche aubaine pour l'étude!... Voilà qui va rudement corser les dossiers de César...

Et il continua sa lecture.

Quand il l'eut achevée, il prit une feuille de papier blanc sur laquelle il écrivit ces mots :

« *Correspondant de New-York :* — James Elliot.
» Edgard Sidney. — DOUZE MILLIONS à Amélie Gonthier.

» *Retrouver cette femme si elle est vivante, ou ses ayants-droit si elle est morte.* »

Ceci fait, Malpertuis joignit la note à la lettre et plaça ces deux pièces dans une chemise de papier grisâtre, en tête de laquelle il traça cette indication :

HÉRITAGE SIDNEY

Puis il s'occupa des dernières lettres.

En ce moment un coupé de maître, très simple, attelé d'un cheval de cinq cents louis, s'arrêta devant la maison de la rue de la Victoire.

Les panneaux du coupé ne portaient pas d'armoiries mais un chiffre peint en camaïeu, surmonté de la couronne de marquis.

Une femme parfaitement élégante, d'une tournure irréprochable, et d'une jeunesse indiscutable quoiqu'elle eût le visage caché par une voilette épaisse, descendit de voiture, s'élança sous la voûte, passa rapidement sans se renseigner auprès du concierge, traversa la cour et s'engagea dans l'escalier conduisant à l'étude Malpertuis.

Une plaque de cuivre fixée sur un panneau portait le nom du maître, et au-dessous ces initiales : T. L. B. S. V. P. — abréviation de la phrase : *Tournez le bouton s'il vous plaît.*

La visiteuse, se conformant à l'invitation, tourna le bouton et entra.

Le garçon de bureau en habit gris à boutons d'argent, assis devant un petit bureau, glissait des prospectus dans des enveloppes administratives.

Au bruit que fit la porte en s'ouvrant, il leva la tête.

— Madame désire ? — demanda-t-il.

— Parler à M. Malpertuis. — Est-il visible?...

— Je le pense... — Madame veut-elle me dire son nom ?

La visiteuse tira de sa poche un carnet d'ivoire sculpté.

Elle y prit une carte et la tendit au garçon de bureau.

Ce dernier y jeta les yeux, regarda la nouvelle venue, s'inclina respectueusement et dit :

— Veuillez vous donner la peine de vous asseoir, madame la marquise. — Je vais prévenir M. Malpertuis...

Puis il disparut par la porte des bureaux.

La jeune femme, que nous venons d'entendre appeler : *madame la marquise*, se laissa tomber sur un siège avec une grâce nonchalante.

L'employé, après avoir traversé les deux premières pièces, frappa discrètement à la porte du cabinet.

L'ordre d'entrer lui fut donné par une sonnerie électrique, car la voix ne pouvait traverser le capitonnage de la double porte, et il pénétra chez Malpertuis.

— Qu'est-ce ? — fit brièvement celui-ci.
— Monsieur le directeur, c'est une dame...
— Quelle dame ?
— Voici sa carte.

Et il tendit à son patron le carré de carton porcelaine.

Malpertuis lut le nom de la visiteuse aristocratique ; un nouveau sourire écarta ses lèvres.

— Faut-il faire entrer ? — reprit l'employé.
— Tout à l'heure... — Je sonnerai pour vous prévenir...

Le garçon de bureau sortit.

Malpertuis jeta la carte sur un dossier, quitta son fauteuil et s'approcha d'un cartonnier qu'il ouvrit à l'aide d'une clef suspendue à sa chaîne de montre.

Il en tira un carton placé sur la quatrième tablette ; — il plongea sa main dans l'ouverture ainsi pratiquée, et il appuya son doigt sur un bouton que le carton avait mission de dissimuler.

Quelques secondes s'écoulèrent, puis une sonnerie électrique retentit près du bureau.

— César est chez lui... — pensa Malpertuis. — Tout va bien !

Encadrant alors son visage dans l'espace momentanément vide, il prononça d'une façon très distincte ces mots :

— La marquise de la Tour du Roy est là...

Une voix bien timbrée lui répondit aussitôt

— Bon... Attends une demi-minute...

Malpertuis ne referma point le cartonnier, laissa le carton sur la chaise où il l'avait déposé et revint s'asseoir.

— Décidément, — mumurait-il, — c'est une belle invention que le téléphone.

Il dissimula sous un journal les diverses paperasses encombrant son bureau, il peigna soigneusement ses favoris, puis il frappa deux fois de suite sur un timbre.

Un instant après la porte s'ouvrit et l'employé introduisit la marquise Lazarine de la Tour du Roy, qui leva son voile en franchissant le seuil.

Le patron de l'étude fit quelques pas au devant de la noble visiteuse, la salua d'une façon très correcte, ni trop humble, ni trop cavalière, lui avança un siège près du fauteuil qu'il occupait lui-même, et dit :

— Veuillez me pardonner, madame la marquise, les quelques minutes d'attente que vous avez subies bien malgré moi... il fallait congédier un client, ce que je me suis hâté de faire...

— Vous êtes tout pardonné, monsieur, — répliqua Lazarine en souriant ; — je sais que vous

étés très occupé et j'attendais sans impatience...
J'ai d'ailleurs attendu fort peu.

La jeune veuve du marquis Robert de la Tour du Roy avait tout au plus vingt-cinq ans; — c'est assez dire que sa beauté, incomparable et quasi-célèbre, battait son plein.

Le corsage-cuirasse de sa robe de faille noire, brodée de jais, dessinait une taille ronde et fine, souple et cambrée, les contours exquis d'un buste de statue et des hanches d'un dessin hardi.

Une profusion de cheveux ondés, d'un ton de cuivre rouge, se tordaient sous le petit chapeau noir, absolument simple, qui n'en pouvait cacher la soyeuse épaisseur.

Quelques mèches folles s'échappaient sur le front, et cinq ou six boucles brillantes, inondant les épaules, descendaient jusqu'au bas de la taille.

Le visage, aux traits fins et corrects sans la froideur classique, et d'une originalité piquante, offrait l'éblouissante carnation des rousses. — Les sourcils bruns et les cils noirs, formant un contraste éclatant avec les roses broyées du teint et la nuance ardente de la chevelure, donnaient aux grands yeux d'un vert sombre l'expression presque orientale que les femmes de théâtre obtiennent à l'aide du coheul.

La bouche était petite; les lèvres couleur de sang et les dents à croquer des perles.

Ce radieux visage, ce corps de jeune nymphe,

constituaient un ensemble d'une élégance incomparable. — Chaque mouvement, chaque attitude, recélaient une grâce. — Rien ne saurait exprimer la séduction du regard et le charme capiteux du sourire.

II

Au moment où cette créature exquise franchissait le seuil du cabinet de l'homme d'affaires, sa physionomie mobile était voilée d'un nuage d'ennui ou plutôt de tristesse.

Malpertuis regarda la belle visiteuse pendant une seconde avec une admiration manifeste.

Lorsque Lazarine eut pris place dans le fauteuil qu'il lui désignait, il s'assit lui même.

— Vous venez, madame la marquise, — dit-il, — vous enquérir du résultat des démarches dont vous m'avez fait l'honneur de me charger?

— Oui, monsieur, — répliqua la jeune femme; — vous m'aviez demandé un mois, et le trentième jour expirait hier...

— Aussi je vous attendais, madame, et, si vous n'étiez venue ce matin, je me serais fait un devoir de me présenter chez vous dans l'après-midi...

— Avez-vous une bonne nouvelle à m'apprendre? Avez-vous été plus adroit ou plus heureux que la police qui, depuis quatre ans, n'a pu découvrir où le lieutenant démissionnaire Marcel Laugier cache le fils qu'il m'a volé?...

Malpertuis secoua la tête.

— Hélas! non, madame la marquise, pas encore... — murmura-t-il avec une humilité de commande.

— Quoi! — s'écria Lazarine d'un ton où l'étonnement se mêlait au dépit, — vous n'avez rien trouvé?...

— Rien... — Nos agents de Paris, — et ils sont nombreux! — ont en vain fouillé la grande ville... — Nos agents de province n'ont pas mieux réussi... — Quant à nos correspondants de l'étranger, malgré leur activité, leur zèle et leur intelligence, ils n'ont pu nous fournir aucun renseignement.

— C'est un échec complet, alors!!

— Jusqu'à nouvel ordre, oui, je suis bien forcé d'en convenir ; mais je ne rougis pas de cet insuccès... — Mon grand tort est d'avoir voulu terminer en un mois une entreprise où la police officielle échoue depuis quatre ans... — Le dernier mot, d'ailleurs, n'est pas dit... — Hier encore j'ai expédié partout des instructions nouvelles, et j'espère plus que jamais...

— Sur quoi comptez-vous?...

— Sur une chance heureuse, sur une circonstance inattendue qui peut se présenter d'une heure à l'autre. — Les plus grands policiers du monde doivent les trois quarts de leurs triomphes au hasard qui les sert à un moment donné... — Soyez certaine que l'ex-lieutenant Marcel Laugier n'est pas en France... — Une plainte portée par vous le rendrait justiciable de la cour d'assises... — Il y va pour lui d'une condamnation aux travaux forcés à temps... — Il vit à l'étranger, sous un nom d'emprunt ; c'est pour cela qu'il est momentanément insaisissable...

— Eh ! — répondit la marquise avec impatience, — on change son nom, on ne change pas sa figure. — Je vous ai remis un portrait-carte du lieutenant...

— Que j'ai fait reproduire à très grand nombre par mon photographe... — Tous mes agents en sont munis... Tous mes correspondants en ont un exemplaire dans les mains... — Nous devons aboutir et nous aboutirons, j'en ai la conviction absolue... — C'est une affaire de temps...

Lazarine frappa du pied.

— Et pendant ce temps, auquel vous même n'assignez pas de limites, je reste esclave ! — s'écria-t-elle. — Investie, par la loi et par la volonté de feu le marquis de la Tour du Roy, de la tutelle de mon fils, je gère les biens dont la jouissance m'est acquise jusqu'à la majorité de ce fils, s'il est vivant, et dont j'hérite s'il est mort... — Je ne puis donc rien entreprendre, rien décider, rien conclure, sans savoir si l'enfant existe... Je ne puis prendre aucune détermination pour mon avenir, et j'ai besoin d'être libre...

— Madame la marquise, — fit Malpertuis d'une voix insinuante — vous m'avez fait l'honneur de m'accorder votre confiance, et vous ne vous en repentirez pas... — J'ai compris qu'un secret très grave, dont il ne me semble pas difficile de deviner la nature, existe, ou du moins existait, entre vous et le lieutenant Marcel Laugier... — Je sais beaucoup de choses déjà, mais j'ai besoin d'en savoir plus encore pour être à même de vous donner certains conseils utiles... — Me permettez-vous de vous adresser quelques questions?...

— Sans doute, seulement je me réserve le droit de n'y pas répondre si elles me paraissent indiscrètes, et de ne suivre les conseils qu'à bon escient...

L'homme d'affaires s'inclina.

— C'est trop juste! — répliqua-t-il en souriant.

— Mais, soyez sans crainte! je serai discret... — Quelle est votre fortune personnelle, madame la marquise?

— Un million, qui m'a été reconnu comme apport dotal dans mon contrat de mariage.

— Quelle fortune possédait feu M. le marquis?

— Six millions, au minimum...

— Dans ses dispositions testamentaires, M. le marquis a-t-il stipulé pour vous la propriété de quelques-uns de ces millions!

— Non... — Tutrice de l'enfant, je dois disposer de la totalité des revenus jusqu'au jour de la majorité de mon fils, je vous le répète... — Ce jour arrivé, je ne conserverai qu'un tiers des revenus...

— Aucune autre libéralité?

— Aucune.

— En ce moment, où vous avez la plus large jouissance, faites-vous des économies?

— Impossible. Ma maison est considérable, et j'a l'orgueil de tenir mon rang.

— Donc, quand cette jouissance sera réduite des deux tiers, ce sera pour vous la gêne...

— Plus que la gêne... la misère...

— Misère un peu dorée, convenez-en...

— Misère absolue, étant donnés mes habitudes et mes goûts...

— Il est certain, madame la marquise, — dit Malpertuis avec une apparente conviction et d'un ton pénétré, — il est certain que votre situation est fâcheuse à bien des points de vue... Elle vous commande une circonspection qui n'est pas dans votre caractère... Elle vous force à des calculs qui ne sont point de votre âge... Elle vous impose une responsabilité lourde au profit d'un enfant qui vous a été volé, qu'on élève loin de vous, qu'on habitue vraisemblablement à vous haïr, et qui ne reparaîtra sans doute que pour exiger des comptes et vous dépouiller... De tout cela résultent des entraves d'autant plus inopportunes que vous avez besoin d'être libre et dégagée de toutes préoccupations, à l'heure où un mariage princier peut modifier votre avenir.

Lazarine tressaillit ; — une stupeur qui n'était point jouée se peignit sur son visage.

— Quoi ! — s'écria-t-elle, — Vous savez ?...

— Que votre union avec le prince Emmanuel de Brada est possible et probable ? Oui, madame...

— Mais, qui vous a dit ?

Malpertuis se mit à rire.

— Comment madame la marquise, — répliqua-t-il, — vous vous adressez à moi, persuadée que je suis l'homme le mieux renseigné de Paris, et vous voulez que j'ignore une nouvelle de cette importance !

— Personne ne la connaît cependant, pas même mes intimes, et c'est tout au plus si le mariage en question est à peu près décidé depuis deux ou trois jours...

— Il ne m'en a pas fallu davantage pour être au courant, vous le voyez.

— Je le constate sans le comprendre... Mais où voulez-vous en venir ?

— A ceci : vous n'osez point passer outre sans savoir si votre fils est vivant ou mort, parce que, s'il existe, il reste une arme contre vous dans les mains de Marcel Laugier, de qui vous avez peur et qui pourrait provoquer un scandale.

— Un scandale ? — répéta la marquise, — Et comment ? — S'il osait se montrer, il serait perdu !

— La main sur la conscience, madame, croyez-vous qu'il soit homme à reculer devant le péril, si quelque intérêt de haine ou de vengeance le pousse en avant ?

Lazarine réfléchit pendant une seconde, et répondit :

— Non, je ne le crois pas.— Ardeur de haine et soif de vengeance le rendraient capable de toutes les imprudences, de toutes les folies... Il se perdrait sans hésiter, s'il le fallait, pour m'entraîner avec lui dans l'abîme...

Après un silence, elle ajouta d'une voix sourde :

— Ah ! que je payerais cher la nouvelle de sa mort !...

— Il est une autre nouvelle qui vous intéresserait plus encore, — reprit Malpertuis — et que, par conséquent, vous pourriez payer plus cher.

Madame de la Tour du Roy lui jeta un coup d'œil interrogateur.

— Celle de la mort de votre fils... — poursuivit-il, du ton le plus calme.

Lazarine sentit un frisson effleurer sa chair.

— Ah ! — s'écria-t-elle, — vous savez quelque chose sur Marcel Laugier et sur mon fils, et vous voulez me vendre vos renseignements ce que, selon vous, ils valent... Et bien ! faites votre prix... Je ne marchanderai pas...

— Je ne sais rien, madame, — répliqua l'homme d'affaires ; — mais je vous répète que je n'arrêterai point mes recherches avant d'avoir atteint le but...

— La vie d'un enfant est fragile... — La mort de

votre fils vous donnerait six millions et briserait dans les mains de Marcel Laugier l'arme qui vous épouvante... — A qui vous apporterait l'acte de décès de Raoul de la Tour du Roy, vous pourriez abandonner sans regret une bonne part de l'héritage...

La marquise se leva.

— Monsieur Malpertuis — dit-elle — jouons cartes sur table... Oui, vous l'avez deviné, je veux à tout prix la liberté et la fortune... à tout prix, vous m'entendez bien ! — J'ai mis jadis sur les bras de Marcel Laugier un duel où il devait succomber... et il le sait... J'ai allumé de ma main un incendie pour le brûler vif, et il le sait !... — Je le hais, je hais l'enfant qui devait m'enrichir et dont la naissance inutile a trompé mes calculs et ruiné mes espérances... — Je payerais cinq cent mille francs la preuve de la mort de Marcel Laugier... — Je payerais un million l'acte de décès de l'enfant...

Une flamme de convoitise brilla sous les paupières molles de l'homme d'affaires.

— Quinze cent mille francs en tout... — dit-il.

— Oui.

— Vous ne vous rétracteriez pas ?...

— Non, je le jure !

— Signeriez-vous cela ?

— Je le signerais... — Je suis prête à le signer... — Parlez donc et hâtez-vous !... Je trépigne sur des charbons ardents, vous le voyez bien...

— Madame la marquise, je vous répète que je ne

sais rien encore, mais un pressentiment m'avertit que je saurai bientôt...

— Ce qui veut dire qu'avant de parler vous voulez que je m'engage, n'est-ce pas ?

— J'aurai l'honneur de faire observer à madame la marquise que la proposition vient d'elle seule, et que je n'ai rien demandé...

— C'est juste... j'ai offert... — Eh ! bien, rédigez tout de suite l'engagement. Je signerai.

— Il est indispensable que cet engagement, ou plutôt que ces engagements, soient écrits tout entiers de votre main.

— Soit... j'écrirai...

— Voici deux feuilles de papier timbré... — Prenez ma place, madame la marquise... Vous y serez plus à votre aise...

Lazarine, en proie à une agitation fiévreuse, s'installa sur le fauteuil que l'homme d'affaires venait de quitter, trempa une plume dans l'encre et dit :

— J'attends, monsieur...

— C'est très simple et ce ne sera pas long.

Malpertuis dicta :

Je soussignée, marquise de la Tour du Roy, promets de payer à M. Frédéric-Jean Malpertuis, ancien avoué, la somme de CINQ CENT MILLE *francs pour frais, avances, démarches de toute nature et rémunération légitime de ses soins et peines, dans les quarante-huit heures qui suivront le jour où il m'apportera la preuve du décès de M. Marcel Laugier, officier démissionnaire.*

— Est-ce tout ?
— Tout absolument.— Datez et signez.
— C'est fait.— Ensuite ?
— La rédaction du second acte différera quelque peu de celle du premier, mais ne vous prendra pas plus de temps.

Et l'homme d'affaires dicta de nouveau :

Je soussignée, marquise de la Tour du Roy, promets de payer à M. Frédéric-Jean Malpertuis, ancien avoué, la somme de UN MILLION *de francs pour frais, avances, démarches de toute nature, et rémunération légitime de ses soins et peines, dans les quinze jours qui suivront mon envoi en possession de l'héritage de mon fils Raoul-Henri-Robert de la Tour du Roy.*

Lazarine avait écrit, daté et signé.

— Vous pouvez parlez maintenant, —dit-elle en présentant à Malpertuis les papiers timbrés. — Ai-je à vous payer dès à présent les deux sommes, ou seulement une des sommes stipulées dans ces actes?

— Non, madame, pas encore ; mais vous ne douterez pas désormais de mon zèle, puisque ma fortune dépend du succès.

— Ma signature au bas de ces engagements ne peut-elle me compromettre ?

— En aucune façon... — D'abord ils ne seront présentés qu'à vous, et ensuite leur teneur n'offre quoi que ce soit d'illégal... — Le juge d'instruction le plus méticuleux n'y trouverait rien à redire...

— Il ne s'agit point de supprimer un homme et un enfant — (ce genre d'opérations n'est pas du tout mon fait!) — mais d'ouvrir une enquête et de fournir des renseignements ; or, à l'époque où nous vivons, les renseignements sont hors de prix...

— Qu'arivera-il si vous ne réussissez pas ?

— Je vous rendrai ces papiers inutiles et vous réclamerai simplement mes honoraires, dont le chiffre sera modeste...— Ayant échoué, je ne pourrais être exigeant...

— Combien vous faut-il de temps pour agir ?...

— Un mois, madame la marquise...

— Soit, d'aujourd'hui en un mois, je reviendrai...

— J'aurai l'honneur de vous attendre, et je compte sur la joie vive de vous donner de bonnes nouvelles...

Lazarine était debout.

Elle laissa retomber la voilette qui cachait son visage.

III

On frappa doucement à la porte du cabinet.

Malpertuis pressa le bouton d'une sonnerie électrique, donnant ainsi l'ordre d'entrer.

La porte s'ouvrit et le garçon de bureau parut, une carte à la main.

L'agent d'affaires prit cette carte.

— Reconduisez madame — dit-il ensuite — et revenez.

La marquise de la Tour du Roy quitta le cabinet, après avoir répondu par une légère inclination de tête au salut profond de Malpertuis.

Ce dernier, aussitôt que la porte se fut refermée, s'approcha du cartonnier dans lequel il avait pratiqué un vide et, s'adressant à son auditeur invisible, demanda :

— Tu as entendu ?

— Oui — répondit une voix. — Bien travaillé, compère !... — Tout à l'heure nous causerons... — Qui vas-tu recevoir ?

Malpertuis jeta un coup d'œil sur la carte et lut tout haut :

Le comte de Vergis

— Le comte de Vergis ! — répéta la voix avec un accent de surprise ; — que diable vient-il faire ici?...

— Nous le saurons dans cinq minutes.

— Je ne quitte pas mon poste...

Un coup de timbre appela le garçon de bureau.

— Michel, — fit l'homme d'affaires, — y a-t-il plusieurs clients dans l'antichambre?

— Deux seulement : le monsieur dont vous avez la carte et M. Fernand Volnay, l'acteur du théâtre de Belleville pour lequel j'ai mis à la poste, hier soir, la lettre que vous avez écrite après la fermeture des bureaux.

— Ah ! ah ! il est là, ce gaillard, ce don Juan de banlieue, ce Mélingue de l'avenir !... Qu'il attende...
— Faites entrer M. le comte de Vergis...

— Oui, monsieur...

Michel allait sortir.

Il s'arrêta.

— J'oubliais quelque chose... — dit-il.

— Quoi !

— M. Stanislas Picolet est revenu de courses et il a bien besoin de parler à monsieur.

— Plus tard... — Quand je pourrai l'entendre je vous préviendrai.

Le garçon de bureau se retira.

— Qu'est-ce que ce Fernand Volney, du théâtre de Belleville? — demanda la voix qui sortait du cartonnier.

— L'homme aux deux billets... — Affaire de notre correspondant de Marseille...

— Bon! j'y suis.

— Que faudra-t-il faire avec lui?

— L'effrayer... Se voyant dans une impasse, il trouvera sans doute moyen de s'exécuter.

La porte s'ouvrait. — La voix se tut.

Un personnage d'environ soixante-cinq ans fut introduit par Michel.

Ce personnage, gentleman de la tête aux pieds et portant la rosette de la Légion d'honneur, était grand et mince, élégant sans recherche, et semblait plus vert à son âge que beaucoup de jeunes gens. — Une chevelure blanche comme la neige, épaisse et taillée en brosse, couronnait un visage aux yeux vifs, aux traits corrects et sympathiques, qu'encadrait une barbe grisonnante.

Sa physionomie respirait l'intelligence et la loyauté.

Le gentilhomme de bonne race, et digne de sa race, se reconnaissait à première vue.

Malpertuis s'inclina devant le nouveau venu.

— C'est à monsieur le comte de Vergis que j'ai l'honneur de parler? — fit-il.

— Oui, monsieur... — Vous êtes, je suppose, monsieur Malpertuis?

— En personne... — Veuillez prendre un siège.

Le comte s'assit.

Il semblait embarrassé. — Son visage rougissait et pâlissait tour à tour. — Evidemment un grand combat se livrait en lui.

L'homme d'affaires le regardait avec attention, attendait qu'il s'expliquât, et ne disait mot.

M. de Vergis, triomphant enfin de son trouble, prit la parole.

— Je viens vous trouver pour une affaire toute particulière... — commença-il.

— Un placement de fonds peut-être? — demanda Malpertuis.

— Non, monsieur...

— Des renseignements sur quelque société industrielle en voie de formation?...

— Pas davantage...

— Faites-moi donc, monsieur le comte, l'honneur de vous expliquer et croyez que, quelle que soit l'affaire dont vous allez m'entretenir, je suis absolument à vos ordres...

M. de Vergis parut hésiter de nouveau. — Son embarras reprenait le dessus.

Une rougeur ardente envahissait son front et ses joues mais, au bout de deux ou trois secondes, il domina pour la seconde fois le trouble singulier qui s'emparait de lui, et commença d'une voix d'abord tremblante qui ne tarda point à s'affermir :

— Ce n'est point une affaire d'intérêt qui m'amène... — J'ai souvent entendu parler de vous... de votre agence...

— Etude... — rectifia Malpertuis...

— Etude, soit... — On m'en a vanté l'organisation... On m'a donné l'assurance que ses rouages fonctionnaient d'une manière exceptionnelle...

Le directeur s'inclina avec une feinte modestie.

— Opinion trop bienveillante !... — murmura-t-il. — Je l'accepte néanmoins, dans l'espoir de m'en rendre digne... — Docteur en droit, ancien clerc d'avoué, ancien avoué, je crois connaître le fort et le faible de notre législation... — Tous les secrets de la chicane me sont familliers... — J'excelle à débrouiller les plus inextricables écheveaux... — Je me vante d'avoir fait gagner maintes fois des procès perdus d'avance...

— Il ne s'agit pas de procès, — interrompit le comte, — et la législation n'a rien à voir dans le motif de ma visite...

— Encore une fois, monsieur, veuillez me le faire connaître... — dit Malpertuis fort intrigué.

— Je sais qu'on peut compter sur votre discrétion...

— On le peut d'autant plus qu'une seule imprudence suffirait pour déconsidérer mon étude.

— Vous disposez, du moins on l'affirme, d'une

police secrète, aussi bien pour ne pas dire mieux organisée que celle de la Préfecture...

— J'ai sous la main des agents adroits et dévoués que je paye très cher, qui m'obéissent en aveugles et dont je réponds comme de moi-même.

— Quand vous mettez ces gens en campagne, en les chargeant de suivre une piste, vous devez avoir la presque certitude qu'il réussiront?

— J'en ai même la certitude absolue... Jamais je n'ai fait buisson creux... — Une grande habitude de ce que je me permettrai d'appeler *les coulisses du monde* me met à même de diriger ma meute, de relever ses *défauts*, de ne point lui laisser prendre de *change*, comme on dit, je crois, en termes de vénerie... — Venez-vous me demander quelque chose de ce genre?

— Je viens vous demander le mot d'une énigme.

— Sous quelle forme cette énigme s'est-elle présentée?

— Sous celle d'une lettre anonyme...

— Ah! — s'écria Malpertuis, — l'arme des misérables qui veulent insulter, mais n'osent insulter à visage découvert!... — L'empoisonnement moral, à distance, avec l'impunité probable!... — L'auteur d'une lettre anonyme est le plus lâche des criminels... — Il faut l'abandonner au mépris qu'il mérite, et fouler au pied ses délations, presque toujours calomnieuses...

— On se dit cela — répliqua le comte — et on

veut savoir quand même... — La goutte de poison versée dans la tête ou dans le cœur ronge et brûle...
— On ne croit pas, mais on doute, et le doute est un supplice qui fait de la vie un enfer... mieux vaut la certitude...

— Vous avez raison, monsieur le comte... Voyons cette lettre...

M. de Vergis tira de son portefeuille une feuille de papier bleuâtre, pliée en quatre.

Il la tendit à l'homme d'affaires, qui la déplia et lut à haute voix les phrases mélodramatiques suivantes :

Monsieur le comte,

Le nom que vous portez, le grand nom de vos ancêtres, était resté pur jusqu'à ce jour.

La trahison d'une femme suffirait pour mettre au blason des Vergis l'ineffaçable tache du ridicule et de la honte...

Votre honneur est en péril, monsieur le comte... — A bon entendeur, salut !...

Veillez!　　　　　　　　　» UN AMI. »

— *L'ineffaçable tache du ridicule et de la honte!!* — répéta M. de Vergis, le visage contracté et les yeux pleins d'éclairs. — Vous avez bien lu... C'est écrit ! — Comprenez-vous?...

— Je commence... Mais pour comprendre tout à fait j'ai besoin de quelques renseignements...

— Interrogez-moi... — fit le visiteur d'une voix sourde.

— Vous êtes marié, cela résulte de la lettre anonyme...

— Oui, monsieur...

— Quel âge a madame la comtesse?

— Vingt-deux ans, et j'en ai soixante-cinq... Donc c'est ma femme qu'on accuse... l'évidence s'impose...

— Bast! une lettre anonyme n'est pas un accusateur sérieux... — Il peut y avoir là dessous une pensée de haine contre vous...

— Je ne me connais pas d'ennemi... — interrompit le comte.

— Ou de vengeance contre madame la comtesse... — poursuivit Malpertuis.

— Contre la comtesse?...

— Sans doute...

— A quel propos?

— A propos de la blessure d'amour-propre d'un adorateur évincé... — J'ai connu certains drôles qui ne pardonnaient point à une femme ses dédains, et dont l'amour dédaigné se changeait en rage...

— Oui — murmura le comte — ce pourrait être cela... — madame de Vergis était une enfant pauvre, orpheline... Je l'ai aimée... je lui ai offert un beau nom, une grande fortune, une situation considérable. — Elle accepté sans contrainte... — Malgré l'énorme différence d'âge, elle m'a pris pour mari de son plein gré... — Il est impossible de la soupçonner... Je le sais... J'en suis sûr... J'en ferais le serment devant Dieu, sur mon honneur auquel je tiens plus qu'à ma vie !...

— Vous aimez madame la comtesse ? — demanda Malpertuis.

— Je l'adore !... et elle le mérite... — C'est un ange !... — Le lâche qui m'a écrit cette lettre aura fait la cour à Marie et, dédaigneusement repoussé par elle, il tâche de jeter dans mon cœur le germe du soupçon !... — Le misérable veut se venger d'une femme honnête en empoisonnant la vieillesse d'un honnête homme. — C'est monstrueux !... Mais il échoue misérablement... — Je ne crois pas à l'accusation !... Marie est pure... Elle n'aime que moi... la pensée de l'adultère n'a jamais effleuré son âme... Douter d'elle serait odieux... — je ne doute point... j'ai confiance... — M. de Vergis s'était levé en disant ce qui précède.

Il fit quelques pas dans le cabinet. — Ses lèvres répétaient d'une façon machinale et presque automatique :

— J'ai confiance... j'ai confiance...

Soudain il se laissa tomber sur un siège, plongea son visage livide dans ses deux mains crispées, et balbutia :

— Certes j'ai confiance... et cependant j'ai peur... j'ai peur !...

Le gentilhomme faisait mal à voir.

Ses mains tremblaient; — de brusques soubresauts secouaient ses épaules; — une coulée ardente de lave bouillonnait sous son crâne.

Après avoir respecté pendant un instant le douloureux silence de son nouveau client, Malpertuis hasarda ces mots :

— Je ne suppose pas que monsieur le comte ait fait part de cette lettre à madame la comtesse ?

M. de Vergis releva vivement la tête.

— Lui montrer qu'on l'accuse... — s'écria-t-il, — lui laisser croire, ne fût-ce qu'une seconde, que je la soupçonne... Ah! jamais... jamais!...

— Monsieur le comte me permet-il de lui dire humblement mon avis ?... — demanda l'homme d'affaires en regardant son interlocuteur bien en face.

— Je vous le permets et je vous en prie...

— Eh bien! renoncez à tout projet d'enquête au sujet d'une faute qui ne doit pas exister... qui n'existe pas... — Déchirez cette lettre et oubliez son contenu...

Assurément le sieur Malpertuis était un adroit compère, — il savait bien son métier, et mieux que personne au monde il avait l'art d'arriver à son but par des chemins détournés.

Le comte de Vergis tressaillit en l'écoutant et s'écria :

— Déchirer cette lettre !...

— Sans doute...

— Oublier son contenu !...

— C'est le plus sage...

— Mais vous n'y pensez pas !...

— J'y pense si bien, au contraire, que je n'hésite pas à vous donner un conseil absolument contraire aux intérêts de mon étude...

— Je constate votre désintéressement, monsieur, et je l'apprécie, mais ce conseil est insensé !...

— En quoi, s'il vous plaît?

— En ce que je n'ai pas le droit de laisser impuni le crime, quel qu'il soit ! Mon devoir est de châtier ou l'adultère ou la calomnie !... Je crois la comtesse innocente, je vous le répète, mais je veux savoir jour par jour, heure par heure, ce qu'elle fait de la liberté sans limites que je lui donne... — Je veux être certain que je ne suis point dupe... — Depuis que j'ai reçu cette lettre maudite, une idée fixe m'obsède, la fièvre me brûle, ma tête s'égare. Si cet état d'agonie se prolongeait, je deviendrais fou... — Je refuse de m'abaisser jusqu'à l'espionnage, — et d'ailleurs j'espionnerais mal, la ruse me faisant horreur... — Il faut donc que d'autres cherchent pour moi... il faut que des agents subtils prennent en main la cause de mon honneur menacé... — Je viens vous prier de me fournir ces agents et de les diriger vous-même...

Le voulez-vous?...

IV

Nous n'étonnerons point nos lecteurs en leur affirmant que la décision de l'homme d'affaires était prise d'avance.

Il parut néanmoins réfléchir avant de répondre.

— Je ferai ce que vous souhaitez, quoique l'entreprise soit délicate... — dit-il enfin. — Nous aurons la preuve, j'en suis convaincu, que madame de Vergis est digne de tout votre respect comme de tout votre amour, et je vous livrerai le méprisable auteur de la lettre anonyme qui vous rend si malheureux...

— Obtenez ce résultat, — s'écria le comte, — et ma reconnaissance...

— Vous ne m'en devrez aucune... — interrompit Malpertuis ; — les enquêtes du genre de celle dont il s'agit sont une des spécialités de l'étude, et mes peines et soins seront payés...

— Largement, je vous le promets !... — Il est

inutile, n'est-ce pas? de vous recommander la circonspection la plus grande...

— Absolument inutile... — J'ai l'honneur de vous le répéter, je suis sûr des gens que j'emploie... — Il me reste à vous adresser quelques questions nouvelles, et à prendre des notes indispensables... — ce sera court... — Recevez-vous beaucoup de monde?

— Beaucoup...

— Madame la comtesse, m'avez-vous dit, jouit d'une liberté fort grande?...

— Sans limites, comme l'était, comme l'est encore, ma confiance en elle... — Peut-être savez-vous que je m'occupe de travaux scientifiques?...

— Personne ne l'ignore... ils ont rendu votre nom célèbre...

— Ces travaux m'absorbent beaucoup... une partie de mon existence se passe dans mon cabinet... — Je ne pouvais condamner une jeune femme à partager ma séquestration volontaire... j'ai donc laissé à madame de Vergis une liberté d'action complète... — Cette indépendance si large devait être, selon moi, une garantie de fidélité... — Une nature franche et loyale se révolte à bon droit contre le soupçon injuste et par cela même injurieux, mais l'idée de trahir lâchement la confiance qu'elle inspire lui fait horreur... Je voulais que ma femme fût heureuse et ne regrettât jamais de m'avoir épousé malgré mon âge... je l'aime tant! ah! si vous saviez comme je l'aime!...

Le comte de Vergis, en prononçant ces mots, porta furtivement la main à son visage pour essuyer ses paupières humides.

Malpertuis continua :

— Vous donnez des soirées et des bals?

— Oui, monsieur, l'hiver.

— L'été, que faites-vous?

— Lorsque je ne voyage point nous allons passer quelques mois dans le Loiret, à mon château des Epines-Blanches, situé entre Orléans et les propriétés de madame la marquise de la Tour du Roy!

— Ah! — dit Malpertuis d'un ton indifférent — vous connaissez madame de la Tour du Roy?...

— Nous avons cet honneur ; mais pourquoi cette question?

— Elle est tout à fait incidente... J'ai eu l'occasion de m'occuper des affaires de feu son mari... — Je reprends : — A votre château du Loiret, recevez-vous?

— Nos plus intimes amis de Paris et nos voisins de campagne...

— Beaucoup de jeunes gens?

— Quelques-uns.

— Vous m'avez dit, je crois, que madame la comtesse est jolie.

— Elle est plus que jolie... Elle est adorable...

— Vous connaissez trop le monde, monsieur le comte, pour ne pas être sûr qu'une jeune femme adorable a des adorateurs, si bien établie et si fondée d'ailleurs que soit sa réputation de vertu. — Je parle d'adorateurs platoniques, bien entendu...

— On fait à la comtesse, comme à toutes les femmes, une cour discrète et respectueuse dont un mari n'a pas le droit de se formaliser...

— Parmi ces courtisans discrets et respectueux, aucun ne se montre-t-il plus empressé que les autres?...

— Je n'ai rien vu de semblable... — madame de Vergis est rieuse et vive, mais non légère... — Elle n'admettrait point des assiduités trop significatives...

— A quel autre, cependant, qu'à un soupirant éconduit, attribuer la lettre anonyme?

— Je ne sais, et je cherche en vain...

— Madame la comtesse est-elle pieuse?

— Oui, mais sans ostentation...

— Quels sont les plaisirs qu'elle préfère?

— La danse, le spectacle, l'équitation...

— Elle monte à cheval?

— Presque chaque jour...

— L'accompagnez-vous?

— Rarement...

— En votre absence, qui chargez-vous de veiller sur elle dans ses promenades?

— Mon premier cocher, Jacques Sureau, ancien entraîneur, ancien piqueur du duc de La R... et très homme de cheval... J'ai la plus grande confiance en lui.

— Lorsque vous voyagez, emmenez-vous madame la comtesse ?

— Pas habituellement.

— Pourquoi ?

— Mes déplacements ont presque toujours un but de recherches scientifiques, et seraient ennuyeux et fatigants pour une jeune femme.

— Madame de Vergis reste seule alors à Paris ou à la campagne ?

— Oui, monsieur.

— A quelle époque remonte votre dernière absence ?

— A six mois environ... je suis revenu depuis deux mois...

— C'est tout ce que je voulais savoir... Je vous prierai de me laisser le billet anonyme... j'ai besoin d'en étudier l'écriture...

— Voici cette lettre infâme... — Une chose me préoccupe, monsieur...

— Laquelle ?

— Les hommes employés par vous auront sans doute besoin de pénétrer librement chez moi.

Malpertuis secoua la tête et répondit :

— En aucune façon... — Mes agents resteront inconnus, même pour vous.

— Même pour moi... — répéta le comte stupéfait.

— Oui, monsieur, et cela doit vous donner une

idée du mystère impénétrable dont leurs démarches seront entourées.

— Impénétrable, en effet, s'il en est ainsi! — dit le vieillard, puis il ajouta : — Veuillez m'apprendre maintenant quel sera le chiffre de vos honoraires...

— Vous le fixerez vous-même après le succès.

— Mais vous aurez à faire des avances?...

— Sans doute...

— Je tiens à payer tout au moins les premiers frais...

— Comme il vous plaira...

M. de Vergis prit dans son portefeuille un certain nombre de billets de banque qu'il plaça sur le bureau en disant :

— Ceci est un acompte... — Quand vous voudrez de l'argent il suffira de tirer sur moi à vue... Vos traites seront bien accueillies...

Malpertuis s'inclina, jeta les billets de banque dans un tiroir sans les compter et demanda :

— Monsieur le comte veut-il un reçu?

— C'est inutile...

— Autre chose... — J'ai besoin de l'adresse de monsieur le comte, et la carte qui m'a été remise tout à l'heure n'en fait point mention...

— Je demeure avenue de Villars, n° ***

L'homme d'affaires prit une note et quitta son siège.

— Quand vous mettrez-vous à l'œuvre? — poursuivit M. de Vergis.

— Dès demain, dès au jourd'hui peut-être... — Rien ne sera négligé, croyez-le bien, pour arriver au but dans le plus bref délai...

— J'y compte...

Malpertuis fit résonner la sonnette d'appel, et le garçon de bureau reconduisit le visiteur.

La porte du cabinet venait à peine de se refermer quand le phonographe joua de nouveau son rôle. — Ces mots sortirent des profondeurs du cartonnier :

— Expédie vite l'acteur de Belleville et sache ce que Stanislas Picolet a d'intéressant à t'apprendre...

— Nous avons à causer sérieusement...

— A quel sujet ? — demanda le directeur de l'étude en s'approchant de l'ouverture béante.

— Au sujet de diverses choses importantes et pressées...

— Bon ! — Je vais mettre les morceaux doubles...

Fernand Volnay — le futur Mélingue — fut introduit sans retard. — C'était un très beau garçon de vingt-trois ou vingt-quatre ans, joignant la grâce du Bacchus Indien à la musculature de l'Hercule Farnèse.

D'une taille au-dessus de la moyenne, il offrait aux regards un teint de bronze clair comme celui d'un sang-mêlé ; une épaisse chevelure d'un noir bleuâtre naturellement bouclée ; deux grands yeux noirs étincelants et plutôt rieurs que tragiques sous des sourcils bien arqués ; une bouche charmante, ombragée par une fine moustache noire et laissant voir dans le sourire deux rangées de dents éblouissantes.

Le comédien était vêtu, chaussé et ganté avec une irréprochable élégance.

Jamais gommeux ne fut plus correct en sa tenue, et cependant un je ne sais quoi d'indéfinissable dans son allure et dans le caractère de sa beauté trahissait l'artiste-bohème, la coqueluche des *femmes d'avant-scènes*, l'oracle d'estaminet, et ne permettait point de le prendre pour un gentleman.

La veille au soir Fernand Volnay avait reçu, au théâtre, une lettre très courte le priant de passer le lendemain à l'étude Malpertuis pour affaire qui l'intéressait.

Le jeune homme fort intrigué cherchait en vain le but de cette convocation à laquelle il n'eut garde de manquer comme on vient de le voir, et la curiosité atteignait chez lui son paroxysme au moment où il arriva rue de la Victoire.

Michel l'introduisit dans le cabinet, dont il franchit le seuil avec une désinvolture étudiée et des grâces de comédien.

Malpertuis ne manquait point de perspicacité, et de plus il était observateur.

Il lui suffit d'un coup d'œil pour juger le personnage.

— Un superbe gars, — pensa-t-il, — et un homme

à femmes... — Ce gaillard là est infatué de lui-même et doit puiser sans le moindre scrupule dans la bourse de ses maîtresses...

Après ces courtes réflexions il le toisa de haut en bas d'un air profondément dédaigneux, et lui dit d'une voix brève et d'un ton sec :

— Vous êtes le nommé Fernand Volnay ?...

La rudesse pour ne pas dire la malveillance évidente de cet accueil déconcerta le comédien, quoiqu'il fût doué dans l'habitude de la vie d'un aplomb à toute épreuve.

Ce fut donc presque timidement qu'il répondit :

— Oui, monsieur... Fernand Volnay... jeune premier rôle en chef et sans partage au théâtre de Belleville...

Malpertuis, désignant un siège, reprit brutalement :

— Vous pouvez vous asseoir...

Fernand se sentait de plus en plus mal à l'aise.

Pourquoi le ton raide et la mine insolente de l'homme d'affaires ?

A quel propos cette attitude agressive qui devait être le présage de quelque avanie ?...

Les nombreuses peccadiles dont s'émaillait le passé de Fernand Volnay laissaient le champ libre aux conjectures.

L'acteur dissimula de son mieux son inquiétude et, tenant de la même main son chapeau de soie tout battant neuf et son stick à pomme de vermeil

— (un cadeau de l'amour) — il se laissa tomber sur une chaise puis, sans même en avoir conscience, prit une attitude scénique.

Malpertuis ne le regardait pas et feuilletait un dossier.

— Enfin, monsieur, — commença Fernand Volnay qui jugeait sa dignité compromise, — je suis surpris…

L'homme d'affaires, relevant la tête, l'interrompit par ces mots :

— Depuis combien de temps êtes-vous au théâtre de Belleville ?

— Depuis deux mois… — répondit Fernand.

— D'où venez-vous ?

— De faire une tournée en province pendant l'été avec une troupe qui jouait *Ruy-Blas*… — En attendant un engagement dans un théâtre de Paris, engagement qui ne saurait tarder, je suis en représentations à Belleville, au cachet…

— Vous avez joué à Marseille pendant deux ans ?…

Si naturelle qui parut cette question Fernand, qui sans doute ne l'attendait pas, tressaillit.

L'épiderme de son visage pâlit sous sa teinte de bronze clair.

Mais le jeune roué n'en restait pas moins parfaitement maître de lui même. — Bon comédien au théâtre, il l'était de même à la ville.

— A Marseille ? — répéta-t-il avec aplomb. — Jamais, monsieur !… jamais !…

Malpertuis le regarda dans le blanc des yeux.

Fernand soutint ce regard sans broncher.

Un sourire d'une singulière expression s'épanouit sur les grosses lèvres de l'homme d'affaires.

— On ne m'avait pas trompé, — dit-il — Vous avez un rude toupet ! Mais ici, mon cher monsieur, le toupet ne sert à rien... Nous ne jouons pas la comédie céans... Nous sommes des gens très sérieux qui ne se payent point de grimaces... Je vous engage donc à supprimer les vôtres...

Le jeune premier rôle ne doutait plus qu'il n'y eût anguille sous roche, mais il ne devinait pas encore quelle était cette anguille; aussi jugea-t-il opportun de prendre un air de dignité froissée pour répondre :

— Si j'avais pu prévoir, monsieur, cet accueil désobligeant, je me serais bien gardé de me rendre à votre appel... — Il existe entre nous un malentendu, je n'en puis douter... Vous vous méprenez sûrement... Quelque ressemblance de nom vous égare, et vous ne savez à qui vous parlez...

Malpertuis haussa les épaules.

— Comédie ! toujours comédie ! — répliqua-t-il froidement — il n'y a pas le moindre malentendu entre nous, et je sais que je parle à M. Jules Marly...

3.

V

Le comédien tressaillit de nouveau, et cette fois visiblement.

— Jules Marly... — bégaya-t-il pour se donner le temps de chercher une réponse.

— Oui... — reprit Malpertuis — Vous ne nierez pas, je suppose, que vous ayez porté ce pseudonyme au théâtre Valette, où vous avez tenu pendant deux années l'emploi de jeune premier rôle... Vous ne nierez pas davantage que vous ayez quitté brusquement Marseille en y laissant de nombreuses dupes, et des dettes dont quelques-unes sont de nature à vous conduire fort loin?

Fernand Volnay comprit.

De pâle qu'il était, il devint pourpre.

L'homme d'affaires continua :

— Plus de comédie donc, et plus de mensonges inutiles ! — En vous enfuyant de Marseille, car votre départ clandestin n'était autre qu'une fuite, vous avez trouvé commode de changer de nom, es-

pérant ainsi vous mettre à l'abri des poursuites dont vous saviez fort bien que vous seriez l'objet...
— Suis-je exactement renseigné ?

Le futur Mélingue ne cherchait même plus à faire bonne contenance.

Un petit tremblement nerveux agitait ses narines ; des gouttes de sueur perlaient à la racine de ses cheveux noirs.

— Je conviens de tout, monsieur, — balbutia-t-il avec agitation ; — j'ai laissé quelques dettes à Marseille, en effet ; mais je ne suis pas sans excuse... — Je subissais des entraînements, et je comprenais mal l'importance de certains faits qu'on est en droit de me reprocher aujourd'hui... — Vous ne savez pas ce que c'est que la vie de théâtre pour un tout jeune homme... On a de l'amour-propre... on veut avoir une garde-robe élégante... on est obligé de faire de la dépense au café avec les camarades... on s'emballe sans réfléchir et, quand on s'aperçoit qu'on s'est mis jusqu'au cou dans le pétrin, on ne sait plus comment en sortir... — Mes créanciers ont trouvé ma piste et vous ont chargé d'obtenir le payement de leur créances... Rien de plus naturel et de plus juste... — Je m'acquitterai, monsieur... — je suis un honnête garçon, quoiqu'un peu léger peut-être... — Je payerai... par acomptes, c'est vrai... mais je payerai... je vous en donne ma parole d'honneur...

L'attitude de l'acteur s'était absolument modifiée.

Sa fierté de commande avait fait place à la plus extrême platitude.

Il parlait d'une voix pleine de larmes.

C'était de la comédie toujours, mais d'un genre différent.

Après avoir joué la dignité blessée il jouait le repentir, prêt à jouer le désespoir au besoin.

Pour la seconde fois, Malpertuis haussa les épaules.

— Votre parole d'honneur... — répéta-t-il d'un ton de dédain suprême — Qu'est-ce que ça peut bien valoir ?... Vous payerez, dites-vous...

— Oui, monsieur... jusqu'au dernier sou...

— Et avec quoi? — Avec vos cachets? — Dix francs par jour! Joli denier !... — Avec le produit des caprices que votre désinvolture de comédien fait naître autour de vous ?... — Oh! nous vous connaissons, monsieur Fernand Volnay, viveur de bas étage, toujours aux expédients, jouant au naturel à la ville, avec des drôlesses, un personnage que vous avez incarné sans doute au théâtre : *Monsieur Alphonse* !...

— Monsieur !... — s'écria Fernand Volnay, essayant de regimber sous le coup de fouet de cette injure.

— Ah! taisez-vous — interrompit l'homme d'affaires — et écoutez-moi... — ce n'est point à propos de vos dettes que je vous ai fait venir, mais à propos d'un crime que vous avez commis...

— Un crime !... — balbutia le comédien.

— Je maintiens le mot... — Vous avez acheté deux boutons d'oreilles en brillants à un joaillier de Marseille, en lui donnant un faible acompte et deux billets à courte échéance de quatre cent cinquante francs chacun, signés Jules Marly... — Ce nom n'est pas le vôtre, donc vous commettiez un faux en écriture de commerce, faux de minime importance, j'en conviens, si vous aviez payé à l'échéance, mais quand on a présenté les billets vous étiez parti sans laisser d'adresse, après avoir mis les diamants au Mont-de-Piété et vendu la reconnaissance !... — Jules Marly redevenait Fernand Volnay ! — l'intention frauduleuse saute aux yeux et vous êtes justiciable de la cour d'assises...

Le jeune premier rôle de Belleville était, cette fois, sérieusement épouvanté.

— Monsieur... monsieur... — dit-il en joignant les mains — ne me perdez pas ! ! Ayez pitié de moi, je vous en supplie... — Aurez-vous le courage de me livrer à la justice pour une folie de jeunesse qui est une imprudence bien plus qu'un crime, car enfin, ce nom de *Jules Marly*, je le considérais comme m'appartenant puisque je le portais au théâtre, et je croyais pouvoir le signer sans être bien coupable... Mon père avait une réputation sans tâche... ma mère était une sainte femme... vous ne voudrez pas souiller leur mémoire, me déshonorer, briser mon avenir, car j'ai de l'avenir, monsieur, personne n'en doute, et plusieurs journaux sérieux ont annoncé que je prendrais au théâtre une belle place!... — Quand ma position sera faite je payerai tout, et mon avenir réhabilitera mon passé... — Ne me réduisez pas au désespoir, je vous le demande à genoux!... — Si vous êtes sans miséricorde il ne me reste qu'à mourir, vous le comprenez bien!... — Me condamnerez-vous à mort?

— Très émouvante et très bien débitée, la tirade!... — répliqua l'homme d'affaires ironiquement. — Mais tout cela est en pure perte... Il n'y a même pas un cachet à gagner!... — Je ne suis qu'un mandataire ; j'ai reçu des instructions et je ne dois point m'en départir... — M. Hirsch, votre créancier, m'a donné l'ordre d'encaisser ou de porter plainte... — Donc, je porterai plainte si je n'encaisse pas...

— Non, monsieur, non... — reprit Fernand Volnay — vous n'agirez point ainsi... Avant de me perdre, vous hésiterez... Permettez-moi d'écrire à M. Hirsch...

— Pour quoi faire?

— Pour lui demander du temps...

— Je sais qu'il le refusera... — il est exaspéré, et il a raison de l'être...

— Eh bien! monsieur, je payerai...

— Quand?

— Dans deux ou trois jours... demain peut-être...

— Comment?

— J'ai un parent... un cousin... un brave garçon, qui possède quelques économies... J'irai le trouver... je lui raconterai tout, bien franchement... — Il m'est arrivé de lui rendre quelques services, et je suis presque sûr qu'il m'avancera la somme nécessaire pour me sauver. — Laissez-moi le temps de le voir...

— Chimère! — répondit Malpertuis. — Ruse cousue de fil blanc empruntée au vieux répertoire!... Cousin de fantaisie auquel je ne crois pas!...

— Monsieur, je vous jure qu'il existe et que je dis la vérité... — Mon cousin se nomme Jacques Sureau... Il est le premier cocher de M. le comte de Vergis, dont l'hôtel se trouve avenue de Villars...

En entendant prononcer le nom de Jacques Sureau, Malpertuis avait dressé l'oreille.

— Ah! — dit-il d'un ton moins brusque à l'acteur au désespoir. — Votre cousin fait partie de la maison de M. le comte de Vergis?

— Oui, monsieur... — Avant d'être piqueur, entraîneur et cocher, il a été autrefois écuyer dans un cirque... — Il aime les artistes, et m'a toujours témoigné beaucoup de bienveillance... — Je crois pouvoir compter absolument sur lui... — Permettez-moi d'aller le trouver...

L'agent d'affaires allait répondre.

Il n'en eut pas le temps.

Une sorte de sifflement sourd, sortant du cartonnier, arrêta la parole sur ses lèvres.

Il comprit la signification de ce bruit inattendu et s'empressa de répliquer :

— Je ne prends en ce moment aucune résolution... — J'ai besoin d'en référer à M. Hirsch, mon mandataire... — Vous accordera-t-il un délai ou sera-t-il inflexible, je l'ignore... — Je télégraphierai à Marseille aujourd'hui même...

— Je puis toujours m'adresser à mon cousin...

— Ne tentez quoi que ce soit avant de m'avoir revu...

— Et quand vous reverrai-je, monsieur?

— Demain matin, ici, à dix heures précises...

— Au moins, puis-je espérer?...

— Je n'en sais rien et n'ai plus rien à vous dire... — Allez...

Fernand Volnay, ne se dissimulant point que toute insistance serait vaine, salua sans ajouter un mot, se dirigea vers la porte et sortit.

Malpertuis l'avait suivi jusqu'au seuil et, avant que la double porte se fût refermée derrière l'acteur, il appela :

— Monsieur Picolet !

Stanislas Picolet, qu'on nommait généralement par abréviation Sta-Pi, ne se fit point attendre et s'empressa d'accourir.

Ce personnage, que nous avons mis plus d'une

fois en scène dans nos précédents ouvrages (1), avait quitté l'agence Roch et Fumel pour entrer à l'étude Malpertuis, où on utilisait avec un succès incontestable ses talents de policier marron.

C'était toujours le même individu, mince et fluet, dont la figure flétrie offrait une expression spirituelle, astucieuse et cynique.

Ses cheveux poivre-et-sel dessinaient toujours sur les tempes des accroche-cœurs amplement pommadés.

Sa petite moustache aux poils rudes se hérissait toujours sous son nez retroussé, aux narines mobiles.

Sans afficher la moindre prétention à l'élégance, Stanislas Picolet s'habillait avec un peu plus de soin qu'autrefois.

Il entra en tenant à la main quelques papiers.

— Vous m'avez fait l'honneur de m'appeler, monsieur ?... — demanda-t-il en courbant sa maigre échine.

— Monsieur Sta-Pi... — répondit Malpertuis — Michel m'a dit que vous aviez à me parler...

— J'étais chargé par vous, monsieur, d'une enquête relative à la famille de M. le duc de Chaslin...

— Cette enquête est terminée ?

— Oui, monsieur, et je vais vous remettre mon rapport.

(1) Les *Tragédies de Paris*. — Les *Maris de Valentine*. — *Sa Majesté l'Argent*. — Dentu, éditeur.

— La fortune arrive-t-elle au chiffre que nous supposions ?

— Elle le dépasse un peu.

— Quel total trouvez-vous ?

— Neuf millions cinq cent mille francs.

— Y compris la fortune personnelle de la duchesse ?

— Bien entendu... — madame de Chaslin, mariée sous le régime dotal, possède en propre deux millions liquides qui doivent, après sa mort, revenir à ses deux enfants, le marquis Roger de Chaslin de Kervilliers, et sa sœur mademoiselle Hélène, ainsi que l'hôtel qu'ils habitent, estimé huit cent mille francs.

— Le duc a donc à lui sept millions ?

— En chiffres ronds... — Mon rapport fait mention de toutes les valeurs mobilières et immobilières dont se compose cette fortune.

— A merveille !

— Le fils de M. de Chaslin, à la suite d'un coup de tête et d'une violente discussion avec son père, s'est engagé pour deux ans dans un régiment de lanciers où il est maréchal des logis chef... — Dans quelques mois il sera libéré.

— Je savais cela.

— Quant à mademoiselle Hélène, elle est élevée à Besançon par une de ses grand'tantes du côté maternel, et elle vient rarement à Paris...

— Les renseignements ne nous manquaient point

à ce sujet... C'est surtout de la fortune qu'il importait de s'enquérir...

— Je l'ai fait avec soin.

— J'en suis convaincu... Laissez-moi votre rapport.

Sta-Pi déposa ses papiers sur le bureau de Malpertuis et demanda :

— Avez-vous, monsieur, de nouveaux ordres à me donner ?

— Immédiatement non, mais ne vous éloignez pas des bureaux... — Je vous taillerai sans doute de la besogne avant ce soir...

— Bien, monsieur...

L'entretien était fini.

Stanislas Picolet n'en resta pas moins planté sur ses jambes maigres et ses larges pieds plats en face du bureau de l'homme d'affaires.

Ce dernier le regarda avec une impatience mal dissimulée.

— Avez-vous donc autre chose à m'apprendre ? — fit-il.

Sta-Pi se gratta l'oreille, hésitant.

— Voyons, — reprit Malpertuis, — qu'attendez-vous ? — Parlez donc ! — Vous savez bien que mon temps est précieux...

— Monsieur, — hasarda l'agent interloqué, d'un air timide et d'une voix que l'émotion rendait un peu chevrotante, — ayant aujourd'hui une petite note à régler au caboulot où je prends ma nourriture, je me trouve dans l'embarras et j'ai bien besoin...

— De vingt francs n'est-pas? — acheva l'homme d'affaires en souriant malgré lui.

— Oui, monsieur...

— Vous est-il dû quelque chose sur votre mois?...

— Hélas! monsieur... pas un sou...

— Vous savez que je n'aime pas le système des avances...

— Je sais cela, monsieur... mais la circonstance est exceptionnelle, et je vous assure que j'ai vraiment bien besoin de vingt francs...

— Les voici...

Sta-Pi, radieux, empocha le louis que lui tendait son patron, témoigna sa gratitude, salua derechef et sortit.

Michel l'attendait dans le bureau, près de la porte.

— Monsieur Picolet — lui dit-il — voici une lettre pour vous...

— Une lettre pour moi! — répéta le pauvre diable avec étonnement — Oui, ma foi!... et une lettre d'un chic!... Papier glacé qui fleure l'eau de Lubin!... cachet à la cire avec une couronne!... qui est-ce qui a apporté ça?

— Un commissionnaire...

— Il n'a rien dit?

— Il a dit que c'était payé... et pressé...

— Merci...

VI

Le policier interlope décacheta vivement la lettre.

Elle ne contenait que ces lignes :

Monsieur Stanislas Picolet se souvient-il d'un nageur dont il a fait la rencontre en plein bras de Seine, il y a quatre ans et demi en face de l'île de la Grande-Jatte?

Ce nageur envoie ses compliments à monsieur Stanislas Picolet, et l'attend au petit café de la rue de Victoire, n° ***.

Sta-Pi, les yeux démesurément ouverts, ne lisait plus mais regardait l'écriture d'un air hébété, et fouillait ses souvenirs en répétant à voix basse :

— Un nageur... une pleine eau... il y a quatre ans et demi... en face de l'île de la Grande-Jatte... Qu'est-ce que c'est que cette blague-là?...

Tout à coup il poussa une exclamation de joie en se frappant le front de la paume de la main.

— M'y voici... — murmura-t-il ensuite — Le ci-devant petit peintre Hector Begourde, que l'agence

Roch et Fumel pourchassait pour lui mettre je ne sais plus combien de millions dans ses poches, et qui est aujourd'hui prince de Castel-Vivant!... — il ne m'a point oublié!... Il m'attend au caboulot de la rue de la Victoire!... Mon caboulot!... quelle veine!....

Et, se coiffant de son chapeau mou quelque peu déformé par un long usage, il s'élança comme un fou hors de l'étude.

Nous le laisserons courir à son rendez-vous et nous rentrerons dans le cabinet de Malpertuis.

Ce dernier, aussitôt qu'il se trouva seul, quitta son fauteuil et alla pousser les verrous de la porte communiquant avec les bureaux.

Alors une chose singulière se produisit.

Le cartonnier, d'où nous avons entendu sortir à plus d'une reprise la voix d'un interlocuteur invisible, pivota sur lui-même et mit à découvert une ouverture dont il était impossible de soupçonner l'existence.

Une main souleva la portière d'étoffe épaisse fermant cette ouverture, — un homme parut et, s'avançant dans le cabinet, dit à l'ex-avoué :

— Mes complimens derechef, mon cher associé... — je suis content de toi!

Ce personnage, qui s'appelait ou du moins se faisait appeler César, baron de Fossaro, — et à qui ses papiers de famille assignaient une origine génoise, — semblait âgé de trente-neuf ou quarante ans.

Sa taille était moyenne mais bien prise, sa tournure élégante et ses manières simples et distinguées.

Sa chevelure épaisse et frisottante, aussi noire que celle de l'acteur Fernand Volnay, couronnait un visage aux traits accentués et réguliers, au teint d'une pâleur mate.

Le développement presque anormal du front près des tempes indiquait une intelligence rare.

Les yeux, très grands et très brillants, offraient cette particularité bizarre que l'un d'eux semblait immobilisé dans son orbite, et que la direction de son regard ne changeait jamais.

César de Fossaro avait des pieds et des mains de femme mais, malgré son apparence gracieuse et presque délicate, jouissait d'une vigueur musculaire hors ligne.

Très soigneux de sa personne et de sa toilette, on pouvait dire de lui qu'il devançait la mode tout en n'en acceptant pas les excentricités.

Jamais gentleman ne fut plus correct.

Le baron génois était l'associé de Malpertuis — nous venons de l'apprendre de sa propre bouche — mais associé anonyme et sans contrat.

Aucun des employés de l'étude ne le connaissait, et cependant le directeur officiel ne faisait rien, ne prenait aucune détermination de quelque importance, sans l'assentiment de son *alter ego*.

César était la tête qui pense, l'homme de l'intrigue, le dénicheur d'affaires, l'auteur ingénieux des plans les plus compliqués et les plus hardis, le maître enfin, le maître absolu...

Le rôle de Malpertuis se bornait le plus souvent à l'obéissance passive. — Il l'acceptait de fort bonne grâce et reconnaissait si bien l'éclatante supériorité de César qu'il ne songeait point à se soustraire à sa domination, et même qu'il ne le souhaitait pas.

Nous saurons plus tard de quelle nature étaient les chaînes solides qui liaient l'un à l'autre ces deux personnages.

Le chef incontesté de l'association mystérieuse ne se montrait jamais dans le cabinet de Malpertuis sans qu'au préalable on eût pris la précaution de rendre toute surprise impossible.

En dehors de l'étude, Malpertuis et César de Fossaro vivaient dans des mondes absolument différents, où l'un n'avait pas la moindre chance de rencontrer l'autre.

Le directeur ostensible fréquentait des hommes d'affaires, des gens de Bourse, des manieurs d'argent, des industriels de réputation quelque peu équivoque, et des petites dames de troisième catégorie.

M. de Fossaro appartenait au contraire à ce qu'on est convenu, dans le langage parisien, d'appeler le *Tout-Paris*.

Il faisait partie de trois cercles bien posés où l'on n'admettait pas le premier venu. — Bon nombre de maisons des plus honorables du monde aristocratique et du monde financier l'accueillaient avec bienveillance. — Quoiqu'il ne fût pas joueur il jouait en gentilhomme, et perdait presque toujours sans que cette déveine obstinée altérât sa joyeuse humeur habituelle. — Il avait son fauteuil à toutes les premières représentations des théâtres élégants, ne manquait pas une course, et les *belles-petites* de haut bord le tenaient en grande estime, car il suivait libéralement l'exemple de feu Jupiter chez Danaé, de galante mémoire.

César de Fossaro était un homme aimable, — il avait de l'argent, menait un train en rapport avec son nom, et rien, absolument rien, ne semblait suspect dans son existence publique ou privée.

D'où venait-il au juste et sur quelles bases solides reposait sa fortune?

Personne ne songeait à s'en inquiéter.

Un beau jour — vers 1871 — il était arrivé à Paris avec des billets de banque et des lettres de recommandation pour deux ou trois gentlemen du meilleur monde.

Fort apprécié par eux et débutant sous leur patronage, le nouveau venu avait été immédiatement accepté.

Le baron de Fossaro, nous l'avons dit, vivait en homme riche.

Il avait loué par un long bail un très coquet petit hôtel de la rue de Provence.

Cet hôtel, haut d'un seul étage sur rez-de-chaussée, était précédé d'une cour séparée de la rue par un grand mur que coupait en deux la porte cochère.

A droite de cette cour se trouvaient les remises; à gauche, les écuries.

Un cocher, un groom, un valet de chambre et une cuisinière composaient le personnel du baron, personnel suffisant, et au delà, pour un homme seul.

Sous la remise deux voitures, et trois chevaux à l'écurie.

Les derrières du petit hôtel se trouvaient adossés au deuxième corps de logis d'une maison à cinq étages de la rue de la Victoire.

L'étude Malpertuis occupait le premier étage de ce corps de logis.

Nos lecteurs comprennent ou plutôt devinent que le hasard n'avait pas présidé le moins du monde à l'installation de Fossaro.

Une fois cette installation complète, une porte secrètement pratiquée et adroitement dissimulée dans le mur mitoyen avait mis en communication le petit hôtel et le cabinet de Malpertuis.

Le cartonnier, les sonneries électriques et le téléphone jouaient, d'un côté comme de l'autre, le rôle que nous connaissons.

Ceci posé, rejoignons les deux compères.

— Mes compliments derechef ! — avait dit Fossaro — je suis content...

— Tu as tout entendu ? — demanda l'ex-avoué.

— Sans en perdre un seul mot, et cette matinée nous rapproche du but que nous voulons atteindre.

— Te souviens-tu de ce que je te prédisais il y a huit ans, en devenant ton associé ?...

— Qu'avant dix ans nous serions l'un et l'autre plusieurs fois millionnaires... Est-ce cela ?

— C'est bien cela...

— Nous n'avons pas encore les millions... tant s'en faut...

— D'accord, mais depuis huit ans nous vivons comme si nous avions chacun cent cinquante mille livres de rentes, ce qui est déjà bien joli... et le moment approche où nous posséderons le capital de ces revenus... — Depuis huit ans j'ai préparé mon terrain... Nous avons labouré sans relâche le sol fertile et jeté la semence qui doit nous donner la moisson dorée... — le grain est mûr... il faut le cueillir... — Tu en as la preuve, puisque la récolte est commencé depuis ce matin...,

— Commencée ? — répéta Malpertuis avec un accent interrogatif.

— Sans doute... — N'avons-nous pas les engagements de la marquise de la Tour du Roy ?...

— Engagements conditionnels...

— Ne t'inquiète de rien... les conditions seront remplies, je m'en charge, et les sommes promises tomberont dans notre caisse... — Occupons-nous maintenant de réunir certains matériaux dont j'ai besoin... — Il s'agit de procéder par ordre... — Ecris ce que je vais te dicter... — ce sont les chiffres de diverses fortunes...

Malpertuis s'assit à son bureau, prit une feuille de papier blanc et trempa une plume dans l'encre.

Fossaro demanda :

— Y es-tu ?

— Oui.

— Je dicte ; — aligne les chiffres pour faciliter ton addition... — Nous disons donc :

« Marquise de la Tour du Roy, et succession de feu le marquis 7.000.000

» Le duc de Chaslin, d'après le rapport de Sta-Pi. 7.000.000

» Le prince Hector de Castel-Vivant. 10.000.000 et je ne parle pas des immenses revenus de ses puits de pétrole...

» Quant au comte de Vergis, les notes me manquent ; nous nous occuperons de lui plus tard...

— Fais le total...

— Vingt-quatre millions... — dit Malpertuis — et à ce chiffre déjà très rond je vais en ajouter un autre non moins rond...

— Aurais-tu vent d'une nouvelle affaire ?

— Oui, et peut-être la meilleure de toutes.

— Explique-toi vite...

— J'ai reçu ce matin une lettre de notre correspondant de New-York...

— Eh bien ?

— Cette lettre m'apprend qu'un certain Edgard Sydney, riche de douze millions, vient de mourir en laissant toute sa fortune à une Française, une actrice, qui a été autrefois sa maîtresse et de qui il a eu une fille... — Cette actrice est revenue à Paris... — Depuis longtemps sans doute elle ne pense plus à son ancien amant et la voilà, sans le savoir, héritière d'une fortune énorme...

César de Fossaro sourit.

— Le nom de cette actrice? — demanda-t-il.

— Amélie Gonthier...

— Amélie Gonthier?... — répéta le baron. — La fortune d'Edgard Sydney ne lui profitera guère...

— Pourquoi donc?

— Elle est morte depuis huit ans...

— Tu en es sûr?

— Parfaitement sûr... — Je l'ai connue, et les journaux ont reparlé d'elle au moment où elle venait de s'éteindre en pleine misère... — Amélie Gonthier, superbe créature autrefois et singulièrement originale, avait eu des succès de comédienne aux Variétés et au théâtre Déjazet, et des succès encore plus grands de jolie femme à la ville... — On disait dans le bon public qu'elle mangeait à son déjeuner des fricassées de perles fines, et qu'elle couchait dans des draps de satin noir...

— Elle est morte, soit... — dit Malpertuis — mais le testament d'Edgard Sydney a prévu le cas, et sa fille Lucile Gonthier hérite à sa place...

4.

— Cette fille est-elle vivante?

— Je n'en sais rien, mais nous le saurons bientôt.

— En cas de mort de Lucile Gonthier, à qui vont les millions?

— Aux hôpitaux américains...

— Très bien... — Si Lucile existe, nous la retrouverons et je me charge d'elle... — Supposons-la vivante et ajoute à ta liste douze millions ce qui, si je ne me trompe, nous donne un total de trente six millions... — Que dis-tu de cela?

— Je répète que ces richesses ne nous appartiennent pas...

— Sans doute; mais ceux qui les possèdent seront nos tributaires... — la marquise de la Tour du Roy, le duc de Chaslin, le prince Hector de Castel-Vivant, le comte de Vergis, Lucile Gonthier, verseront bientôt dans nos caisses une part de leurs millions et, foi de Fossaro, cette part ne sera pas mince!...

En disant ce qui précède le baron s'était animé, et l'un de ses yeux, — celui qui ne semblait point atteint d'immobilité chronique, — lançait de fauves éclairs.

— Pour arriver à un tel résultat, il faudra lutter beaucoup... — murmura l'ex-avoué.

— Eh bien, on luttera, *per Bacco!*... — D'avance je suis certain de vaincre... Avant d'entamer la partie, je biseauterai les cartes...

— Et comment? Par le crime?

— Non, mon cher, par l'amour... — Nous avons des femmes dans notre jeu... Je me servirai d'elles pour mener les hommes au point où je veux qu'ils arrivent... Et si l'amour les conduit au crime, ce qui est ma foi bien possible, nous n'en serons pas responsables... Nous nous en laverons les mains...

— Explique-toi mieux...

— Ce serait trop long... — Les faits parleront à ma place... Revenons à nos moutons... Les renseignements relatifs à la marquise Lazarine de la Tour du Roy sont-ils complets?...

— Voici le dossier... — répliqua Malpertuis en posant la main sur une liasse assez volumineuse.

— Tout ce qui est relatif à Marcel Laugier s'y trouve?

— Absolument tout... — C'est même la partie vraiment curieuse et intéressante du dossier en question...

VII

— L'ex-lieutenant habite toujours la Suisse? — reprit César de Fossaro.

— Oui — répondit Malpertuis — il a acheté un chalet sur le bord du lac, près de Genève, à Versoix. — On le connaît dans le pays sous le nom de Marcel Aubertin...

— Bien...

— Ses habitudes, ainsi que celles de l'enfant de la marquise, ont été minutieusement étudiées... Le rapport est très explicite...

— A un autre... — Je connais beaucoup le ci-devant Bégourde, prince de Castel-Vivant, surnommé le prince Totor ; je suis même son ami, mais j'ai besoin d'être initié à certaines particularités de sa vie passé, dont il ne parle guère...

— Voilà son dossier au grand complet.

— Remets-moi maintenant tout ce qui concerne la famille du duc de Chaslin, les notes de Sta-Pi à son sujet, et donne moi la lettre anonyme écrite au comte de Vergis... — Ne perds pas une minute pour mettre nos agents en chasse... — De ton dialogue avec le mari résulte pour moi la presque certitude que la femme à un amant... — J'entrevois là une mine d'or à exploiter.

— Voici la lettre jointe à mes notes.

— Occupe-toi de Lucile Gonthier... — il s'agit la retrouver si elle est vivante, et de savoir au plus vite tout ce qui la concerne.

— Faut-il lancer Picolet sur cette piste ?

— Non. — Ce garçon est intelligent, mais parfois bavard... — L'affaire de ce gros héritage doit être conduite très secrètement... — Confie-la au plus discret de nos hommes.

— J'en chargerai Bijou.

— La lettre du correspondant de New-York te dit-elle que l'on opère des recherches officielles immédiates pour retrouver l'héritière d'Edgard Sydney ?...

— Le correspondant m'affirme, au contraire, que le solicitor ne fera commencer les démarches qu'après l'accomplissement des formalités d'usage... Cela nous donne une avance de trois mois...

— C'est plus de temps qu'il ne nous en faut. — On retrouvera sans peine quelque employé de l'ancien Théâtre-Déjazet dont Amélie Gonthier a fait longtemps partie, et par lui on aura des renseignements... — Je m'en rapporte d'ailleurs à ton habileté...

— Je ferai pour le mieux...

— Arrivons à Fernand Volney...

— Tu m'as interrompu au moment où mon entretien avec ce cabotin prétentieux, rudement beau garçon du reste, arrivait à son dénouement... — J'ai compris que tu avais une idée, et je l'ai renvoyé sans conclure...

— Fernand Volney est cousin de Jacques Sureau, le premier cocher du comte de Vergis, celui qui accompagne la comtesse dans ses courses à cheval?...

— Oui.

— Ce comédien peut donc nous être utile... — Je veux qu'il soit à notre discrétion... il suffira pour cela de tenir sur sa tête une épée de Damoclès toujours suspendue et prête à frapper... — Envoie dans une heure au joaillier de Marseille le montant de sa créance par mandat télégraphique et, demain matin, dis au sieur Fernand Volney que monsieur Hirsch, sur ta demande, consent à ne pas le poursuivre afin de ne point briser irrémédiablement son avenir ; mais que, pour le forcer à rentrer dans la ligne droite, il refuse tout remboursement immédiat et prétend conserver les billets faux dont il ferait usage au besoin... — Le gaillard est paresseux, orgueilleux, perverti jusqu'aux moelles, il a déjà un pied dans le crime... — Ravi de n'avoir point d'argent à donner, il acceptera la leçon joyeusement...
— Les femmes le perdront tout à fait et nous trouverons en lui un instrument souple et docile... — Ne manque pas de lui faire écrire et signer une pe-

tite déclaration de sa pécadille de Marseille...
— C'est dit... As-tu vu Geneviève, ces jours-ci ?
— Mais, pas plus tard qu'hier.
— Toujours à ta dévotion ?
— Ce que tu me demandes là, mon cher, n'a pas le sens commun... — Tu sais bien que je tiens Geneviève comme nous allons tenir le comédien de Belleville et mieux encore... — Aucune révolte de sa part n'est à craindre... — Maîtresse en titre, par ma volonté, du petit prince de Castel-Vivant, un pantin dont elle agite les fils, elle mettra son influence au service de notre fortune...
— Et de la sienne, bien entendu.
— Nous sommes des gentlemen, mon cher, nous lui laisserons une part du gâteau, mais nous aurons soin que cette part ne soit point de taille à diminuer par trop les nôtres.

Un moment de silence suivit ces dernières paroles, puis Malpertuis demanda :
— Comment va Blanche ?

A ce nom de *Blanche*, César de Fossaro tressaillit.

— Je ne l'ai pas vue depuis l'autre semaine, — répondit-il — mais, si elle était souffrante, j'en serais informé... — Pas de nouvelles, bonnes nouvelles !... — Elle mène une vie calme et monotone dans la petite maison où je l'ai installée avec Marguerite il y a deux ans... — Je la visiterai prochainement, car elle aussi doit servir nos projets...

— Elle!! Ta fille!! — murmura l'ex-avoué avec un mouvement de surprise.

— Ma fille... — répéta le baron de Fossaro, dont le front s'assombrit et dont l'œil unique se voila; — est-ce ma fille?

— Comment! — s'écria Malpertuis, — tu en doutes? — Mais c'est de la folie toute pure... — Quand Claire Gaillet devint ta maîtresse, elle avait seize ans à peine... Elle était sage... elle t'aimait... Elle n'a quitté la maison paternelle pour te suivre qu'aux premiers symptômes de sa grossesse... elle ne t'a jamais trompé...

— Pourquoi donc l'ai-je tuée, alors? — répondit César d'une voix sourde. — Ne te souviens-tu pas?... — Je l'ai soupçonnée... accusée... Elle s'est mal défendue et rien, depuis, n'est venu me prouver que mes soupçons étaient injustes.

— Rien ne les a justifiés non plus... — Dans un moment de colère aveugle, de rage folle, tu as frappé; mais après le meurtre tu es rentré en toi-même et je me souviens que tu ne doutais plus alors de l'innocence de Claire... — Je n'en veux d'autres preuves que les soins pris d'après tes ordres, par mon intermédiaire, pour faire élever Blanche lorsque tu es parti *là-bas*; que ta joie quand tu l'a retrouvée grandie et belle comme était sa mère; que tes sacrifices pour lui donner une instruction complète et des talents de premier ordre... Tu l'aimes enfin, tu l'aimes... — Ah! elle est bien ta fille, va!...

Elle te ressemble par la volonté, par l'intelligence par les instincts...

César de Fossaro était devenu songeur.

— Oui, c'est la vérité... — dit-il lentement, — Blanche me ressemble par la volonté, par les goûts, par les instincts... Elle rêve comme moi les enivrements de l'orgueil et de la fortune... Ses aspirations la poussent vers la vie active et fiévreuse, accidentée, bizarre et pleine d'imprévu... — Je sais cela ; non qu'elle me l'ait avoué, car elle a peur de moi ; je la domine à tel point qu'elle tremble en ma présence et qu'elle n'oserait me prendre pour confident de ses désirs... — Je doute que la tendresse pour moi déborde dans son âme ; mais j'ai la certitude que la pensée de me désobéir ne lui viendra jamais... — Cette terreur et cette obéissance doivent me servir... — Elle est ma fille, soit... — je l'admettrai si tu veux ; mais qu'importe ?... — Elle ne le sait pas. Elle l'ignorera toujours... Aucun acte légal ne me l'impose à ce titre... — Elle croit que je l'ai recueillie tout enfant, qu'elle me doit tout puisque je ne lui devais rien, et peut-être en est-elle reconnaissante, mais je ne l'affirmerais pas... — Blanche sera riche puisqu'elle travaillera pour elle en nous enrichissant... — C'est par elle que la fortune du duc de Chaslin deviendra notre fortune...

— Que médites-tu donc ? — demanda Malpertuis en frissonnant malgré lui.

— De finir mes jours dans la peau d'un millionnaire, tu le sais bien, — répliqua César, — et, quand commencera la pluie d'or, tu seras sous la gouttière pour recevoir ta part de l'averse bienfaisante... Donc ne t'inquiète de rien, ne doute de rien, et laisse-moi suivre le chemin mystérieux que je me suis tracé. — J'emporte ces dossiers; je vais les étudier soigneusement; dès ce soir peut-être je serai à l'œuvre... — Avant six mois nous aurons atteint le but... — Vis donc en paix, et donne-moi vingt-cinq mille francs...

Malpertuis ne fit aucune objection.

Il ouvrit la caisse placée dans un angle de son cabinet, en tira vingt-cinq billets de banque et les tendit à César de Fossaro.

Ce dernier les plia, les glissa dans poche, mit sous son bras les dossiers tout préparés, donna une poignée de main à son associé et sortit par l'issue mystérieuse conduisant à son petit hôtel de la rue de Provence.

Malpertuis fit tourner sur ses gonds le cartonnier mobile ayant mission de dissimuler la porte, réintégra le carton dans le compartiment vide et, en attendant l'heure du déjeuner, se mit en devoir de préparer de la besogne aux employés de l'étude.

Rejoignons Stanislas Picolet.

Le policier marron, aussitôt après avoir pris connaissance de l'épître que nos lecteurs connaissent, avait dirigé sa course vers le petit café de la rue de la Victoire.

Cet estaminet, de piteuse apparence au dedans comme au dehors, était un *caboulot* d'ordre tout à fait infime.

Un homme de haute taille aurait pu toucher le plafond avec la main.

Le vitrage étroit laissait pénétrer dans l'unique salle juste ce qu'il fallait de lumière pour permettre de lire les quelques journaux traînant sur les tables poisseuses.

Trois consommateurs, assis sur des banquettes garnies de moleskine crevassée, peuplaient ce douteux intérieur.

La patronne de l'établissement, femme d'une quarantaine d'années se disant veuve d'un mari que personne n'avait jamais connu, trônait derrière son comptoir en dévorant un roman découpé dans les feuilletons du *Petit Journal*.

L'un des trois consommateurs s'était fait servir un verre de chartreuse verte qu'il laissait intact devant lui.

Il tenait à la main un journal qu'il ne lisait pas, et il avait presque constamment les yeux fixés sur la porte de l'estaminet.

Ce personnage, qui semblait âgé de vingt-sept ou vingt-huit ans, offrait le type accompli des gommeux de *high-life*. — Rien ne se pouvait voir de plus irréprochable que l'élégance de son *complet* du matin.

Son joli visage, un peu pâli par la fatigue de la

vie à outrance, offrait une expression souriante.

C'était Hector Bégourde, prince de Castel-Vivant.

La porte s'ouvrit tout à coup avec fracas.

Stanislas Picolet entra comme une bombe, arrachant brusquement la patronne aux émotions larmoyantes d'un récit du plus poignant intérêt.

Le nouveau venu jeta les yeux autour de la salle.

Du premier regard il reconnut le prince qui, l'ayant reconnut de son côté, lui fit un signe de la main.

Sta-Pi bondit vers lui.

— Non ! grâce à Dieu, — fit-il d'une voix agitée, — ma mémoire ne me trompait point !.... J'avais deviné juste !... — Le nageur de la Grande Jatte était bien monseigneur le prince Hector de Castel-Vivant !...

— Oui, monsieur Sta-Pi, — répondit Hector en souriant, — votre mémoire est excellente, comme la mienne d'ailleurs... — Vous voyez que je me suis souvenu de vous... — C'est épatant comme les noms se gravent dans mon cervelet !

— Vous avez pensé à moi, monseigneur !... J'en serai reconnaissant jusqu'à mon dernier souffle !... Ça ne m'étonne pas beaucoup, du reste, que vous vous soyez souvenu de moi... — La circonstance était bien singulière et devait faire époque dans votre vie... — Il fallait vous contraindre, malgré vous, à ne point repousser les avances de la fortune !!..

— Il est sûr que c'était d'un relief à tout casser...
— Je ne pouvais me figurer qu'il s'agissait d'encaisser des millions... Je me persuadais que mes créanciers me donnaient la chasse... — Heureusement vous êtes venu me relancer en pleine eau avec un galbe étonnant... — Monumentale, votre coupe, parole d'honneur !... — J'en ris encore... (1)

— C'est bien de l'honneur que vous me faites, monsieur...

— Mais, asseyez-vous donc...
— A côté de monseigneur !... — s'écria Sta-Pi.
— Pourquoi pas ? — Que prenez-vous ?

L'agent de Malpertuis répondit, en s'installant :
— Je n'ai pas encore déjeuné... — J'accepterai volontiers un verre de madère...

Hector commanda.

Un garçon, à demi endormi dans un coin, se leva et servit.

Sta-Pi dégusta avec une volupté manifeste le déplorable breuvage qu'on venait de placer devant lui.

Tout en le savourant à petites gorgées, il regardait en dessous le prince choisissant un *regalia britannica* dans son porte-cigares.

— Oserais-je prier monseigneur — dit-il tout d'un coup — de m'apprendre le motif du rendez-vous qu'il m'a fait l'honneur de m'assigner...

(1) *Sa Majesté l'Argent.* (Dentu, éditeur.)

— Ne le devinez-vous pas un peu ?

— Je suppose qu'il s'agit d'un renseignement dont monseigneur a besoin...

— De cela d'abord, et ensuite d'une besogne sérieuse et difficile...

Sta-Pi frissonna de joie.

Un travail *sérieux* et *difficile*, entrepris pour le compte du prince de Castel-Vivant, devait être la poule aux œufs d'or !

Hector poursuivit :

— Et si je m'adresse à vous, monsieur Sta-Pi, c'est que j'ai gardé le meilleur souvenir de la ténacité et de l'intelligence dont vous m'avez donné des preuves d'un galbe monumental...

— Monseigneur est trop bon...

— Je ne suis que juste... — Votre pleine eau était tout un poème, et vous avez subi ma passade avec un chic suprême... —Or, l'affaire dont je veux vous entretenir exigeant une adresse exceptionnelle, j'ai tenu à vous retrouver, ne voulant me fier à nul autre qu'à vous...

Le policier marron se bouffissait d'orgueil sous cette avalanche de compliments.

Il répondit néanmoins, avec une feinte modestie:

— En vérité, monseigneur me comble !

VIII

— J'ai eu terriblement de peine à vous retrouver, monsieur Sta-Pi... — reprit Hector.

— Monseigneur est sans doute allé me demander à l'agence Roch et Fumel ?...

— Où l'on m'a répondu, de fort mauvaise grâce, qu'on ne savait ce que vous étiez devenu... — A force de démarches j'ai découvert deux autres officines, tant soit peu ténébreuses, où vous n'aviez fait que passer... — Enfin, hier, j'ai appris que vous étiez entré à l'étude Malpertuis...

— J'y suis depuis huit mois environ...

— Et vous êtes content ?...

— Heu !... heu !... on m'apprécie... mais le patron est un *rat* fini ! — En voilà un qui n'attache pas ses chiens avec des andouillettes de Clamecy !...

— Bref, je vous tiens, c'est le principal, et nous allons causer vivement, car je suis attendu...

— Je comprendrai monseigneur à demi-mot...

— Il ne vous est pas défendu, n'est-ce pas, de

vous occuper, en dehors de l'étude, d'une affaire spéciale pouvant vous rapporter de jolis bénéfices ?

— Cela m'est au contraire absolument interdit, et en contrevenant aux ordres du patron je risque de perdre ma place... — Mais pour obliger monseigneur je suis prêt à commettre toutes les contraventions... d'autant qu'il me paraît facile que le patron ne s'en doute pas... — Nous pouvons garder la chose secrète...

— J'y tiens même essentiellement... — dit le prince ; — un mot imprudent suffirait pour donner l'éveil à quelqu'un que je sais bien... — Trop de nerfs à la clef, Geneviève! beaucoup trop de nerfs!... Bonne fille et très drôle, Geneviève, mais jalouse comme une panthère de Java et rageuse à tout casser...

— Cette personne si rageuse est sans doute la favorite de monseigneur ?... — hasarda Sta-Pi.

— Oui, favorite en titre et non pas sans partage... — répondit Hector en riant ; — c'est une femme qui m'aime d'une façon bien gênante!... — Au moindre soupçon qui lui traverse la cervelle, elle me fait des scènes d'un relief monumental... — Or, elle a des soupçons toute la journée, et la nuit également... — Joli crampon, monsieur Sta-Pi!... — Donc il ne faut pas qu'elle se doute...

— Qu'il s'agit d'une intrigue d'amour ?

— Précisément.

— Voilà qui rentre dans ma spécialité... Les affaires de femmes, c'est mon fort... Vous ne trouveriez quiconque à Paris capable de me dégotter sur l'article !... — Parlons un peu de la rivale de mademoiselle Geneviève.

— Une adorable enfant !... un épi blond qui me met la tête à l'envers !...

— Sage ?

— Je n'en sais rien...

— On le saura... — Mais ça ne doit pas vous inquiéter... — la vertu, voyez-vous, je n'y crois guère...

— Vous êtes sceptique, monsieur Sta-Pi...

— Dame ! que voulez-vous, monseigneur, j'ai toujours vu que les plus farouches se laissaient apprivoiser par le papier Garat.

— Je le prodiguerai...

— La résistance ne sera pas longue... — Dans quel champ pousse l'épi blond ?...

— Si je m'en doutais, je n'aurais pas besoin de vous...

— Son nom, du moins ?...

— Je l'ignore...

— Mais enfin, monseigneur, décrivez-la moi, s'il vous plaît...

— Ça c'est facile : Un ange ! — Des cheveux dorés, des yeux bleus, des lèvres de corail, des joues de lis et de roses, une taille de nymphe, comme disaient les classiques...

5.

— Et voilà tout? — Pas de signes particuliers?

— Aucun... visible du moins, hélas!...

— Alors la tâche est impossible!... Je n'aboutirai pas....

— Pourquoi?

— Il y a dans Paris des milliers de jeunes filles blondes et jolies...

— Celle-là est la plus belle de toutes !

— A vos yeux, monseigneur, et sans doute en réalité ; mais je ne puis faire défiler une à une devant vous les aimables personnes qui répondent au signalement.

— Vous n'en aurez pas besoin... Je vais vous la montrer...

Le policier marron regarda M. de Castel-Vivant d'un air ahuri.

— Me la montrer? — répéta-t-il.

— Parfaitement.

Hector prit dans sa poche un petit portefeuille, et tira de ce portefeuille une photographie qu'il mit sous les yeux de Sta-Pi.

— Un portrait-carte! — s'écria ce dernier.

— Est-il assez réussi ! ! — Regardez-moi ce galbe ! — ces yeux ! ces lèvres ! cette tournure ! — Croyez-vous que j'exagérais tout à l'heure?

— Ma foi, non ! — murmura Picolet avec un réel enthousiasme, — la demoiselle est un vrai morceau de prince !...

— Maintenant que vous la connaissez, vous la

trouverez sans peine, n'est-ce pas?... — Un si radieux visage ne saurait échapper à vos recherches...

— Le visage ne me servirait absolument à rien, monseigneur... — Le moyen d'aller de porte en porte exhiber la carte et demander à chaque concierge : — *Avez-vous ça dans votre immeuble?* Mais le nom du photographe me guidera...

— Bravo ! très bien !... Ça, c'est une idée !... — Je n'y avais point songé, moi ! Le photographe doit savoir où demeure la merveille dont il a reproduit les traits... Il vous donnera ou vous vendra l'adresse, et alors...

— Oh ! n'allons pas si vite... — interrompit Stanislas Picolet. — Quand le nid de la belle nous sera connu, nous aviserons... — Monseigneur me permet de lui adresser une question ?

— Certes !

— Où monseigneur a-t-il vu la jeune demoiselle, et comment ce portrait-carte se se trouve-t-il entre ses mains ?

— J'ai vu l'adorable enfant au théâtre de la Porte-Saint-Martin... — J'occupais une avant-scène du rez-de-chaussée avec le crampon... — On jouait je ne sais quoi... — Je m'ennuyais beaucoup... — Soudain je ne m'ennuyai plus... — Je venais d'apercevoir ma blonde inconnue, en face de moi, aux fauteuils de balcon...

— Seule ?

— En compagnie d'une femme âgée, d'assez honorable apparence... Sa mère peut-être... Elle semblait s'amuser beaucoup...

— Très bien... — Mais la photographie ? — ce n'est pas elle qui vous l'a donnée, j'imagine...

— Ce n'est pas elle... c'est le hasard... Un hasard d'un relief étonnant, quoi que la chose au fond soit toute naturelle... — Pendant un entr'acte je sortis, dans le but apparent d'aller acheter des raisins glacés...

— Au crampon... — murmura Sta-Pi.

— Parfaitement... — Je commençai par me munir de la boîte de raisins pour être en règle ; puis je gagnai le couloir des fauteuils espérant voir de plus près la blonde mignonne, et trouver peut-être l'occasion de lui parler car, entre nous, la timidité n'est pas mon défaut dominant... mais il fallait me défier de Geneviève, qui m'aurait fait une scène en plein théâtre, oh ! mais, très bien !... — Trop de cachet !... — Comme j'arrivais près de la porte du balcon, cette porte s'ouvrit et mon inconnue sortit, mille fois plus jolie encore qu'elle ne m'était apparue à travers les doubles canons de ma jumelle viennoise à douze verres... J'allais bondir à sa rencontre et lui adresser la parole sous un prétexte quelconque, ou même sans le moindre prétexte...

— Que lui auriez-vous dit ?

— Ceci, tout simplement : — *Je suis le prince de*

Castel-Vivant ; — j'ai douze millions ; — je vous adore... — où peut-on vous voir ?...

Sta-Pi approuva de la tête.

— Court, mais bien rédigé... — murmura-t-il.

— Prince et douze millions !... c'est ça qui donne des chances à un homme !...

Et il soupira.

Hector poursuivit :

— Je n'eus pas le temps de l'aborder... — Une seconde jeune fille, qui m'aurait semblé jolie en toute autre occurence, accourait de je ne sais où, prenait mon inconnue dans ses bras et l'inondait de baisers avec de petits cris joyeux... — Sapristi ! j'aurais donné pas mal pour être à sa place !... — Interrompre ce tête-à-tête aurait été *shoking !*... — J'attendis, en lorgnant la salle par la porte entr'ouverte, mais je ne lorgnais que d'un œil et je tournais l'autre vers les deux amies... — Mon idéale blonde tira de sa poche une enveloppe, et de cette enveloppe exhiba la carte que voici : *Tu vois*, fit-elle, *je tiens parole, et je t'apporte mon portrait...* Oh ! monsieur Sta-Pi ! quelle voix ! — une musique ! une guitare ! une mandoline ! un rêve !... Il me semble l'entendre encore... — L'amie prit la photographie en disant : *Grand merci !* Nouvelles embrassades suivies d'un dialogue animé...

— J'écoutais de toutes mes oreilles... — J'espérais cueillir au passage une indication... un nom de rue... quelque chose enfin... — Je ne saisis qu'un nom de baptême... — Ma blonde idolâtrée se nomme LUCILE... — Ne l'oubliez pas, monsieur Sta-Pi!...

— Ah! monseigneur, je n'aurai garde...

— La sonnette annonçant la fin de l'entr'acte coupa court à l'entretien... — Les jeunes filles se séparèrent... — Lucile regagna sa place, et son amie descendit aux fauteuils d'orchestre...

— Il fallait la suivre...

— C'est ce que j'ai fait...

— L'interroger... — En tenant l'une, vous teniez l'autre.

— C'était indiqué, et j'allais agir quand la demoiselle s'arrêta pour chercher sa contremarque dans sa poche... — Elle tira son mouchoir et ne s'aperçut point qu'elle laissait tomber la photographie que l'adorable Lucile venait de lui remettre ; puis, ayant trouvé ce qu'elle cherchait elle disparut... Je me baissai, je ramassai la précieuse image, je la plaçai sur mon cœur, c'est-à-dire dans la poche gauche de mon habit, et j'allais me remettre en chasse lorsqu'en face de moi se dressa, me barrant le passage... Devinez qui ? monsieur Sta-Pi. — Je vous le donne en cent...

— Le crampon, parbleu!!...

— Tiens, vous avez deviné du premier coup!...
— Épatant!... Monumental!... d'un relief à tout casser!... — Oui ma foi... C'était le crampon, qui ne me voyant pas revenir avec les raisins se méfiait

et me donnait la chasse... — Le reste se devine...
— Geneviève me fit, séance tenante, une effroyable scène, voulut quitter la salle et me contraignit à la suivre, ce que je n'osai refuser de peur d'un scandale... — J'espérais revenir avant la fin du spectacle... —Impossible!—Quand je parvins à m'échapper et que j'arrivai en face du théâtre, le gaz était éteint et les pompiers filaient... — Quel guignon ! Ces choses là n'arrivent qu'à moi!...

— Monseigneur, calmez vos nerfs... — Ce qui est différé n'est pas perdu... — Je compte bien, avant peu, vous apporter l'adresse de la belle Lucile...

— Ce jour-là, monsieur Sta-Pi, je vous donnerai... — Au fait, combien voulez-vous que je vous donne?...

Après un moment de réflexion Picolet balbutia, non sans un embarras visible :

— Monseigneur est si riche, et la demoiselle est si jolie... — il me semble qu'un petit billet de mille francs...

— Je vous en donnerai deux... — interrompit Hector. — Je vous en donnerai trois...

— Enfin je vais connaître l'opulence!... — pensa le pauvre diable dont le visage s'épanouit ; puis, tout haut, il ajouta : — L'histoire, étant intéressante, m'a notablement altéré. — J'accepterais bien un second madère...

Le prince commanda.

— Et avec le madère, un biscuit... — dit Stanislas d'un ton particulier.

Au mot *biscuit*, souligné en quelque sorte par l'intonation, la dame du comptoir releva la tête et regarda Sta-Pi en souriant.

Puis, abandonnant la lecture de ses feuilletons, elle chercha dans son livre de recettes une feuille de papier étroite et longue, couverte d'écriture et de chiffres.

Le garçon servit.

Picolet trempa son biscuit dans son madère et l'avala d'un trait.

— Un petit renseignement... — dit-il ensuite ; — Où pourrais-je faire connaître à monseigneur le résultat de mes recherches ?...

— Mais, à mon hôtel de la rue François Ier...

— Monseigneur ne craint pas ?...

— Quoi donc ?

— Que le crampon n'intercepte mon épître ou ne s'inquiète de ma personne ?...

— Cela ne va pas jusque-là... — Geneviève, grâce au ciel, ne vit point avec moi... — Venez ou écrivez sans crainte...

— Très bien... — Si monseigneur a besoin de correspondre avec moi, je le prierai de m'envoyer ses lettres ici...

Et Sta-Pi frappa sur la table, comme pour souligner : *ici*, de même qu'il avait déjà souligné : *biscuit*.

Ce devait être un signal, car l'unique garçon de l'établissement se détacha aussitôt du comptoir et se dirigea vers la table où Stanislas causait avec le prince.

Il tenait à la main le papier long et étroit tiré du livre des recettes.

— Monsieur Picolet, — dit-il, — madame ayant demain une grosse échéance, prend la liberté de vous faire passer votre petite note...

Le policier marron fronça le sourcil et répliqua d'un ton raide :

— Ce n'est pas quand je suis en affaire avec un homme du monde que madame doit se permettre de m'envoyer ma note !... — Madame sait bien, d'ailleurs, que je ne touche mes appointements qu'à la fin du mois... — Je trouve fort déplacé que l'on me fasse un tel affront pour une pareille misère ! ! Trente-sept francs dix centimes !... C'est insensé, et si je les avais sur moi... mais je ne les ai pas... — Allez dire à madame que jamais...

Hector interrompit cette tirade furibonde en jetant sur le marbre un billet de cent francs.

— Prenez les consommations, — dit-il au garçon, — et en même temps le montant de la note de M. Picolet.

— Mais, pas du tout... pas du tout... — fit Sta-Pi d'un air très digne, — ça me contrarierait...

— Et, moi, je n'admets pas de refus... Donc acceptez, ou nous nous brouillerons...

Le garçon saisit le billet et retourna au comptoir en riant sous cape.

IX

— Nous sommes en compte, d'ailleurs... — ajouta le prince Totor en baissant la voix — Vous garderez la monnaie qu'on va vous rendre et voici un second billet de cent francs... — C'est une avance sur vos premiers frais de déplacement...

— Monseigneur me comble de bienfaits... — dit Sta-Pi. — Je lui témoignerai ma reconnaissance par mon zèle...

— J'y compte, et je vous laisse... — Geneviève m'attend depuis une heure et doit être dans une colère bleue... — la scène sera monumentale... — A bientôt, monsieur Sta-Pi.

— Dès aujourd'hui, monseigneur, je serai en quête...

Hector sortit de l'estaminet au moment où le garçon rapportait la monnaie.

Picolet la glissa vivement dans sa poche et se dirigea vers la dame de comptoir.

— Eh bien, Stanislas — murmura-t-elle avec le plus gracieux sourire — la note est payée.

— Grâce à votre intelligence, ô Palmyre... — Aussi demain je vous offre des huîtres... Quant à mon cœur, vous l'avez déjà...

— Stanislas, vous finirez par me compromettre... — Que dira le monde ?...

— Il dira ce qu'il voudra... Nous nous aimons, Palmyre, et quand on s'aime on se fiche des potins !... L'amour est tout...

Nos lecteurs ont compris la comédie de la note.

Elle se renouvelait dans des conditions identiques chaque fois que l'occasion paraissait favorable, et la quadragénaire, ayant un faible pour Picolet, s'y prêtait de la meilleure grâce du monde.

Le policier interlope allait regagner l'étude, où peut-être on avait besoin de lui, lorsque la porte de l'estaminet s'ouvrit pour livrer passage à un homme de cinquante-cinq à soixante ans.

— Tiens, c'est monsieur Daniel Gaillet! — s'écria Sta-Pi en allant au devant du nouveau venu, auquel il tendit la main. — Bonjour, monsieur Gaillet... — Que venez-vous chercher dans ces parages ?...

— Vous... — répondit l'arrivant. — Je vous ai demandé chez Malpertuis, et l'un de vos collègues m'a envoyé ici... — J'ai à vous parler...

— Alors, asseyons-nous.

— Que puis-je vous offrir ?...

— Je prendrai un madère et un biscuit...

Les deux hommes s'installèrent dans l'angle le plus sombre de l'établisement.

Dauiel Gaillet était de taille moyenne, maigre, alerte. — Il avait les yeux vifs, la parole brève, la physionomie intelligente, mais empreinte d'une profonde mélancolie.

Les plis de son front, le rictus plein d'amertume de ses lèvres, semblaient témoigner d'une douleur morale inguérissable.

— Et — demanda Sta-Pi, pour entamer l'entretien par une question banale, — la santé est toujours bonne ?

— Oui, toujours... — il me semble que je ne vieillis pas.

— Le métier est dur, cependant...

— Certes ! mais c'est ma vie... — Rien ne me fatigue... — Où d'autres s'épuiseraient, moi je prends de la force... — J'ai besoin d'activité, de mouvement... — il faut que j'aille, que je vienne, que je furète, que je cherche comme un chien de chasse... — Plus mon esprit est préocupé, plus mon corps est agile... — Plus j'ai de problèmes à résoudre, plus mon cerveau devient lucide.

— A ce métier-là vous vous userez, mon cher Gaillet... — Vous êtes à votre aise... — Moi, à votre place, je songerais à prendre ma retraitre.

— Je n'ai que cinquante-cinq ans... — Je travaillerai cinq ans encore, et qui sait même si je me retirerai alors ?

— Comment ! à plus de soixante ans vous resteriez uu numéro de la brigade de sûreté !!

— Je servirai la préfecture jusqu'au jour où j'aurai vengé ma fille !... — répondit Gaillet d'une voix sombre.

— Toujours ce souvenir !... — mumura Sta-Pi.

— Toujours ! — répondit l'agent dout les paupières devinrent humides, — Je ne puis oublier, je n'oublierai jamais !... On m'a fait trop de mal ! — Songez donc ! ma fille, une enfant de seize ans, douce, charmante et chaste, que j'aimais de toute mon âme et cent fois plus que ma vie, séduite et perdue d'abord, assassinée ensuite !! — Mon amour de père, mon bonheur, mes joies, mes espoirs, anéantis par un misérable qui n'a respecté ni la pureté de la vierge, ni la vie de l'enfant déshonorée par lui !! — Oublier cela, monsieur Picolet !! — Allons donc ! Est-ce que c'est possible ?

Daniel Gaillet plongea son visage dans ses mains avec un geste de désespoir farouche.

— Mais la justice s'est chargée de vous venger... — répliqua Stanislas — je me souviens de cette affaire, moi, quoiqu'il y ait au moins quatorze ans de cela...

— Quatorze ans !... — répéta Gaillet ; — oui, quatorze ans que je souffre... que je pleure... et que le spectre de ma fille vient chaque nuit hanter mon sommeil... — La vengeance que m'ont donnée les juges!... quelle dérision!... — Cinq ans de travaux forcés au misérable qui avait tué ma fille!... — Vous appelez cela une vengeance? Moi, non!... il m'en faut une autre!... — Un jour je retrouverai Pierre Carnot, et ce jour-là seulement ma fille sera vengée!... — Voilà neuf ans que je cherche l'infâme...

— Depuis sa libération, alors? — demanda Sta-Pi.

— Oui.

— Il était sous la surveillance de la haute police... — Ne savez-vous donc pas quelle ville lui a été assignée pour résidence à sa sortie du bagne?

— Nîmes, dans le département du Gard...

— Eh bien ?

— Il n'y a jamais mis les pieds... — En quittant Toulon, où le bagne existait encore à cette époque, Pierre Carnot a disparu...

— Passé à l'étranger, sans doute ?...

Daniel Gaillet secoua la tête et répondit :

— Je n'en crois rien... — il doit être en France... à Paris...

— A Paris!... Vous croyez?...

— Oui, pardieu!... — Paris n'est-il pas l'endroit du monde où, malgré la police, on se cache le mieux?... — Il est si facile, quand on est adroit, de prendre un autre nom, de se faire un autre visage, et de devenir introuvable au milieu de cette fourmilière humaine... Pierre Carnot aurait été un homme supérieur si ses instincts ne l'avaient poussé dans le chemin du crime... — C'était un esprit diabolique, et le bagne n'aura fait que le pervertir plus complètement encore... — Paris seul peut lui paraître un théâtre digne de lui...

— C'est une supposition, monsieur Gaillet, car enfin vous ne l'avez jamais rencontré.

— Si... une fois...

— Vous êtes sûr que c'était lui?

— Est-ce que je pouvais m'y tromper? Je le connaissais bien !

— C'est juste, et puis il y a un détail de son signalement qui rend une erreur difficile... — Si j'ai bonne mémoire, il lui manque un œil...

— Oui. — Dans une rixe entre détenus, à la Grande-Roquette, il a reçu dans l'œil gauche un coup de poinçon,..

— Où l'avez-vous vu ?

— Place de la Bastille...

— Il y a longtemps?

— Six ans environ; — je filais un individu... — Pierre Carnot, mis comme un agent de change, a passé à dix pas de moi...

— A pied?

— En voiture de maître, attelée d'un cheval qui filait un train d'enfer... — Impossible de le suivre; mais je l'avais bien reconnu...

— Avez-vous remarqué son œil de moins?

— Non, le côté droit du visage était seul tourné de mon côté...

— Eh bien ! alors, mon cher monsieur Gaillet, vous avez très bien pu faire erreur... — Au moment de sa condamnation Pierre Carnot avait vingt-cinq ans... — Vous avez cru le revoir huit ans après ; or, huit ans sur la tête d'un homme, ça le change bigrement, surtout quand sur les huit il y en a eu cinq au bagne.

— Non, c'était bien son visage pâle, ses traits accentués, son air hautain... — Pourquoi me serais-je abusé d'ailleurs à cette époque, puisque j'ai la preuve qu'il était encore à Paris il y a deux ans?

— La preuve ?

— Oui.

— Soit... — Je ne demande qu'à vous croire... — Mais que pourriez-vous contre lui?... — Il a payé sa dette... — Le faire condamner pour rupture de ban... — ce serait là une piètre vengeance...

— Aussi je ne m'en contenterai pas...

— Que voulez-vous donc?

— Fouiller sa vie depuis sa libération...

— A-t-il, à votre connaissance, commis quelque crime nouveau?...

— Si les renseignements donnés sont exacts il est sous le coup de la loi... — Un homme de cette trempe, instruit et intelligent comme lui, ne consent point à se revêtir d'une blouse, ne se condamne pas à traîner la guenille, à marauder aux étalages, à coucher dans les fours à plâtre, à faire partie d'une bande qui doit fatalement tomber tôt ou tard entre nos mains... — Il a mis certainement à profit son éducation et son usage du monde... — il doit être aujourd'hui l'un de ces redoutables chevaliers d'industrie qui deviennent légendaires... — Je crois impossible que, depuis neuf ans, cet homme n'ait pas entassé crimes sur crimes... — Je vengerai ma fille en le livrant aux juges, qui cette fois n'auront pas pitié de sa jeunesse et n'accorderont plus de circonstances atténuantes!

— Mon cher monsieur Daniel, — murmura Picolet d'un air compatissant, — je vous assure que vous avez tort de vous repaître l'esprit de cette idée fixe... — Ça peut vous jouer un mauvais tour...

— Ça peut me rendre fou, n'est-ce pas?

— Je n'ai point dit cela.

— Mais vous l'avez pensé, ce qui revient au même... — répliqua Gaillet en passant la main sur son front; — aussi n'en parlons plus...

— C'est ça... — Causons de ce qui vous amène ici.

— Ce qui m'amène ici se rapporte encore à Pierre Carnot.

— Comment?

— Vous allez le savoir...

Daniel Gaillet s'interrompit, puis après un silence il dit tout à coup, en regardant bien en face son interlocuteur :

— Vous êtes un malin, monsieur Sta-Pi...

Le policier marron prit une physionomie modeste, démentie par l'expression triomphante de son sourire, et répondit :

— Vous m'appréciez avec un excès de bienveillance, cher confrère... — Entre nous, je crois cependant que ma jugeotte n'est pas encore trop poire molle...

— Je connais de vous des enquêtes très remarquables, — reprit Gaillet, — et à plus d'une reprise, vous le savez, j'ai voulu vous attacher aux services réguliers de la Préfecture...

— J'en ai eu beaucoup de reconnaissance, je vous assure, mais j'aime mieux mon indépendance... — Opérer pour le compte des particuliers, ça me va... et ça me rapporte davantage.

— Aussi n'ai-je point insisté... — Mais si je venais vous proposer aujourd'hui de travailler pour la police, sans avoir affaire à elle, serais-je mieux reçu qu'autrefois ?

— Ça dépend...

— De quoi ?

— S'il s'agit de vous être personnellement agréable en vous venant en aide dans une entreprise compliquée, et si cette entreprise rentre dans mes aptitudes, vous pouvez disposer absolument de moi...

— Chez Malpertuis, comme chez Roch et Fumel

vous avez la spécialité des affaires de femmes, n'est-ce pas ? — demanda Gaillet.

— Mon Dieu, je fais un peu de tout à l'étude, mais il est certain que *l'article femme* est plus particulièrement de mon ressort. — Mes aptitudes me poussent de ce côté.

— Alors vous pourrez m'avoir les renseignements dont j'ai besoin?

— C'est probable, pour ne pas dire certain...

— Vous savez comment je procède au point de vue de la rémunération du service rendu quand l'affaire en vaut la peine?

— Vous payez la réussite cinq cents francs.

— Cela vous va?

— Parfaitement.

— Nous sommes d'accord... Prenez des notes...

Picolet tira de sa poche un petit carnet, passa le bout de son crayon sur sa langue et attendit.

— Il y a trois ans, en 1876 par conséquent — commença Daniel — une jeune femme de chambre de vingt-cinq ans, très jolie, nommé Fanny Vernaut, était au service d'une institutrice de Courbevoie.

— Fanny Vernaut... — répéta Picolet. — C'est écrit.

— L'institutrice s'appelait madame Dubief.

— Bon...

— Le 22 décembre 1877, la femme de chambre disparut...

— Bien...

— Il y a un mois le jardinier de madame Dubief, en déracinant un arbre mort dans le jardin du pensionnat, trouva au pied de cet arbre les ossements d'un enfant venu à terme... — On fit en toute hâte la déclaration de cette découverte sinistre, et madame Dubief, se souvenant des allures mystérieuses de Fanny Vernaut, de ses fréquents malaises qu'elle ne pouvait dissimuler complètement, enfin de sa fugue inexpliquée, ne manqua pas de porter ses soupçons sur cette fille...

» Le parquet, saisi de l'affaire, donna l'ordre de rechercher dans son pays Fanny Vernaut, originaire de Senlis... — Elle n'y avait pas reparu depuis longtemps... — Il résulte de certaines informations que l'ancienne femme de chambre doit être aujourd'hui à Paris, sous un faux nom, et très richement entretenue par un ou par plusieurs imbéciles.

» Il s'agit de la trouver...

X

Picolet écrivait toujours.

— A-t-on recherché quelles relations Fanny Vernaut avait à cette époque? — demanda-t-il tout en écrivant.

— Oui, — répliqua Daniel Gaillet; — mais ces recherches n'ont abouti qu'à nous jeter dans une fausse voie...

— Comment cela?

— On parlait d'un cousin chez lequel Fanny se rendait tous les jours à Bois-Colombes... — Ce cousin n'était qu'un être imaginaire... — Il servait de prétexte à Fanny pour aller voir son amant...

— Et, de cet amant, aucune trace?

— Madame Dubief, interrogée de nouveau, suppose que quelque parent d'un de ses élèves, frappé de la beauté de la femme de chambre qui conduisait parfois les pensionnaires dans leurs familles, l'aura séduite ou violentée...

— Ses soupçons se portent-ils sur quelqu'un plus particulièrement?

— Oui, mais d'une façon très vague... — Elle désigne un nommé Pierre Rédon.

— L'a-t-on retrouvé?

— Non... — répondit Gaillet avec un tremblement dans la voix. — Il avait disparu, lui aussi, sans laisser de trace ; mais ce Pierre Rédon, facilement reconnaissable à la perte de son œil gauche, n'était autre que Pierre Carnot, l'ancien forçat, le séducteur et le meurtrier de ma fille.

— Lui!... — s'écria Sta-Pi. — Vous croyez?...

— J'en suis sûr car le misérable, pour dépister la police, avait pris le nom de sa mère qui s'appelait Mathilde Rédon... — Voilà pourquoi je vous disais tout à l'heure que cet homme est à Paris, et que de nouveaux crimes me donneront barre sur lui.

— Que venait-il faire dans la pension de Courbevoie?

— Visiter une jeune fille qu'il y avait placée...

— Quelle était cette jeune fille?

— Une orpheline — disait-il — qu'un de ses amis lui avait confiée en mourant...

— Mais c'est tout un roman, cela!... — fit Picolet très intéressé.

— Je crois plutôt que c'est un drame terrible...

— Les visites de Pierre Rédon étaient-elles fréquentes?

— On ne le voyait guère que deux fois par an.
— Comment s'appelait l'orpheline?
— Blanche-Renée...
— Pas de nom de famille?
— Aucun.
— Qu'est-elle devenue?
— On l'ignore... — Pierre Rédon l'a retirée de pension il y a deux ans, et sa trace disparaît...

— Saperlipopette! — murmura Sta-Pi. — Voilà une affaire bigrement mystérieuse et qu'il ne sera pas commode de tirer au clair... — Enfin j'espère que Fanny Vernaut se retrouvera... — Si l'ex-femme de chambre est dans l'état-major de la haute galanterie, soyez paisible... je suis bon chien de chasse, et mon flair me conduira droit au poulailler de la cocotte...

— Vous me tiendrez au courant de vos démarches...

— Tous les jours, si vous voulez...

— Non, mais avertissez-moi dès que vous vous croirez sur une piste, et alors nous agirons de concert... — Songez que cette femme peut nous mettre sur la trace de Pierre Carnot... — Le jour où vous me direz : *Je la tiens!* Je vous promets une gratification!...

Ce dernier mot remit en mémoire à Picolet ses préoccupations habituelles, un moment oubliées.

L'agent de la sûreté, Daniel Gaillet, le connaissait de longue date.

Il ne pouvait donc avec lui faire fonctionner son *truc* de la note à payer; cependant il voulait une petite avance.

— Vous savez ce que c'est qu'une enquête à mener à bien, mon cher collègue... — dit-il d'un ton timide. — Il faut faire causer celui-ci... tirer les vers du nez de celui-là... C'est une absinthe à droite... un vermouth à gauche... Ça n'en finit pas... on a toujours le porte-monnaie à la main...

Gaillet ne le laissa pas continuer.

— Oui... oui... je sais — fit-il — les faux frais sont considérables... Voici un acompte pour ces dépenses....

Et, tirant cinq pièces d'or de son gousset, il les mit dans la main de Picolet qui les glissa dans sa poche avec une grimace de satisfaction.

— Saperlipopette! — pensait-il — Voilà une bonne journée!... Est-ce que je serais en passe de commencer ma fortune, par hasard?

Il ajouta tout haut :

— J'ai mes notes... — Dès ce soir je marcherai...

Daniel Gaillet reprit le chemin de la préfecture, et Sta-Pi regagna l'étude.

*
* *

César de Fossaro, nous le savons, avait emporté chez lui les dossiers remis par Malpertuis.

Il les serra dans un tiroir de son bureau qu'une serrure à secret rendait inviolable, puis son valet de chambre le prévint que le déjeuner l'attendait et il alla se mettre à table.

Le baron, quoique ayant une cuisinière de grand mérite, déjeunait seulement chez lui.

Il dînait soit dans un des trois cercles dont il faisait partie, soit dans les maisons où on l'avait invité, soit dans quelque restaurant de premier ordre.

L'associé de Malpertuis payait libéralement ses serviteurs, mais en revanche il leur imposait une consigne sévère.

Les relations de bon voisinage, et les *potins* entre domestiques d'une même maison, leur étaient absolument interdits, sous peine d'expulsion immédiate.

Les appointements étant larges et le service très doux, ils obéissaient religieusement.

Le cocher, d'origine italienne, parlait mal le français, mais le comprenait bien.

César faisait preuve d'une très grande circonspection dans son intérieur.

Jamais un papier de nature compromettante ne traînait sur un meuble. — Jamais une clef ne restait dans la serrure d'un meuble.

Le cabinet où se trouvait la porte de communication qui nous est connue renfermait une bibliothèque pleine de livres rares.

On ne s'étonnait donc point que personne, en l'absence du baron, ne pût franchir le seuil de ce cabinet.

Un corps de bibliothèque, mobile comme le cartonnier de l'étude de Malpertuis, masquait la porte et le téléphone.

Le son très faible du timbre électrique ne pouvait être entendu que de César, toujours seul dans la pièce en question où il s'enferma en sortant de table, après avoir donné l'ordre de ne le déranger sous aucun prétexte.

Il tira les dossiers du tiroir et les lut attentivement l'un après l'autre, en prenant des notes, écrivant des phrases décousues, incompréhensibles pour tout le monde, et numérotées.

Ce travail dura près de trois heures.

Au bout de ce temps le baron se frotta les mains et sa physionomie devint radieuse.

Il était satisfait des résultats obtenus déjà, et surtout de ceux qu'il entrevoyait dans un prochain avenir.

— Je les tiens tous ! — murmura-t-il. — Le duc de Chaslin sans doute résistera plus que les autres, mais Blanche sera dans mes mains un instrument docile, et grâce à elle je triompherai !...

Après ce court monologue César de Fossaro serra les dossiers et sonna son valet de chambre.

— Fritz — dit-il à ce domestique qui était Alsacien — préparez tout pour ma toilette...

— Monsieur le baron sortira-t-il en voiture ? — Dois-je donner l'ordre d'atteler ?

— Je sortirai à pied...

Une demi-heure plus tard César quittait le petit hôtel de la rue de Provence et se dirigeaient vers le boulevard.

C'était l'heure de l'absinthe, si appréciée des boulevardiers et, par cette magnifique après-midi d'automne, une foule bruyante de consommateurs encombraient les *terrasses* des cafés.

Le baron de Fossaro ralentit le pas en arrivant auprès du café de la Paix.

Il échangea quelques saluts, donna quelques poignées de main, et pénétra dans une des salles de l'établissement presque désert à l'intérieur.

Dans un coin de cette salle un homme d'un âge indécis, qui pouvait avoir de quarante-cinq à cinquante-cinq ans, faisait sa correspondance.

Ce personnage, de taille ordinaire et quelque peu chargé d'embonpoint, était grisonnant, aux trois quarts chauve, ridé comme une pomme de reinette après l'hiver ; mais, malgré ses dehors médiocrement séduisants, on sentait en lui l'homme comme il faut.

De longs favoris poivre-et-sel encadraient son visage rond et coloré, portant l'empreinte de fatigues de plus d'un genre, mais offrant une expression de bonhomie spirituelle.

Signes particuliers : — une cravate blanche, un pince-nez d'écaille, le ruban de la Légion d'honneur à la boutonnière de son ample redingote noire.

Devant lui se trouvait un buvard et un encrier.

A sa gauche, un verre d'eau sucrée à moitié vide.

César, souriant, se dirigea de son côté et lui tendit la main en disant :

— Bonjour, docteur...

Le docteur releva la tête, serra la main tendue et répliqua :

— Bonjour, baron... Ça va bien, baron ?...

— Assez bien... merci... et vous ?

— Oh ! moi, je suis sur les dents...

— Vous travaillez trop...

— Je travaille un peu, mais ce n'est pas ça...

— Qu'est-ce donc ?

— Je ne dors pas assez... — Figurez-vous que la nuit dernière nous avons mené une vie de polichinelle, rue François Ier...

— Chez le prince Hector ?

— Juste !... — On a soupé... on a fait danser ces demoiselles... on a taillé un bac... — Bref, nous y étions encore à six heures du matin... — Tout le monde comptait sur vous... Pourquoi n'êtes-vous pas venu ?...

— Un empêchement absolu...

— Histoire de femme, hein, baron ?

— Peut-être... — fit César en souriant.

— Ah ! gaillard !! — Toujours des bonnes fortunes nouvelles !!

Le docteur trempa ses lèvres dans le liquide sirupeux que contenait son verre.

— Qu'est-ce que vous buvez là ? — demanda M. de Fossaro.

— De l'eau sucrée, avec une goutte de fleur d'oranger...

— Piètre breuvage!!

— Insipide, je vous l'accorde ! déplorablement insipide!! Mais c'est par principe... — Je fais deux parts de mon existence, vous savez... — Le jour, une sobriété de gazelle... une chasteté de rosière!... toutes les vertus, quoi !...

— Aussi, la nuit, quelle revanche !...

— Il est certain que la nuit, c'est autre chose...
— Aussitôt le gaz allumé, ma nature volcanique reprend le dessus, je deviens un viveur aimable et me livre sans résistance aux plus jolis excès... — Ça ne me réussit même pas du tout... — Je me dégomme, je me décatis, et vous verrez qu'un de ces jours le viveur enterrera la rosière...

— Bah! vous avez de la marge !...

— On ne sait pas, baron... On ne sait pas...

— Etiez-vous nombreux, la nuit dernière?...

— Douze ou quatorze.

— Ces demoiselles ?

— Toujours les mêmes... — Les amies de Geneviève !... — Elle était fort en beauté, Geneviève ! — Vous savez que nous recommençons ce soir... — Geneviève, en sa qualité de pseudo-maîtresse de maison, a invité tout le monde à dîner... Je dîne à l'hôtel de Chaslin, moi, hélas ! Mais j'irai rue

François Ier vers dix heures... On vous y verra?

— C'est probable.

En entendant prononcer le nom de Chaslin, César de Fossaro avait fait un mouvement de joie.

Le docteur arrivait de lui-même là où il se proposait de le conduire.

— Est-ce que la duchesse est toujours souffrante? demanda-t-il.

— Toujours... pauvre femme!...

— Comptez-vous sur une guérison prochaine?

— Je n'y compte pas le moins du monde...

— C'est donc très grave?

— C'est incurable... — Une maladie de cœur...

— Quel âge a la duchesse?

— Quarante-cinq ans...

— Elle peut vivre encore une dizaine d'années?...

— Impossible! — Si je lui accorde deux ans, c'est le bout du monde, et je ne serais point surpris qu'elle s'en allât brusquement d'une minute à l'autre... — Il ne faudrait, pour amener la rupture de l'aorte, qu'une émotion un peu trop vive...

— Bref, madame de Chaslin vous paraît condamnée?...

— Sans appel...

— Le duc s'attend-il à une catastrophe prochaine?

— Je n'ai pu lui cacher tout à fait la gravité de la situation... Il importe — (dans son propre intérêt), — qu'il sache à quoi s'en tenir... vous comprenez ça...

XI

Après un instant de silence, César de Fossaro continua :
— M. de Chaslin aime toujours sa femme?
— Assurément... — répondit le docteur; — d'ailleurs la duchesse est très belle encore...
— Il est plus âgé qu'elle ?...
— De vingt ans au moins, car il dépasse la soixantaine ; mais bien conservé, sain comme l'œil, droit comme un chêne... Très gaillard enfin... — Entre nous, je crois que dans l'occasion il serait solide encore... — Ne le connaissez-vous pas?
— Je l'ai rencontré plus d'une fois dans le monde, mais je ne lui ai jamais été présenté...
— Souhaitez-vous que cette présentation ait lieu? Je m'en chargerais...
— A quoi bon?... — A son âge et dans sa position, le duc ne saurait avoir ni mes goûts ni mes habitudes.
— Il vit en effet très retiré, et je me figure que de

temps à autre cette existence patriarcale lui paraît un peu lourde... — Un éternel tête-à-tête avec une malade, c'est peu drôle !

— Eh bien, et ses enfants?... Car il a deux fils, je crois...

— Non... — Un fils et une fille...

— Ne sont-ils pas auprès de leur mère?

— Du tout... — La jeune fille, mademoiselle Hélène, une jolie personne de dix-neuf ans, est à Besançon chez une de ses grand'tantes souffrante depuis plusieurs années... — Le fils, Roger de Chaslin de Kervilliers, est maréchal des logis chef dans un régiment de lanciers, à Verdun... il s'est engagé...

— Je me souviens qu'on m'a raconté cela... — Un coup de tête du jeune homme, assez mal d'accord avec son père... — Je l'ai vu maintes fois dans le monde des belles-petites... — Ne vous semble-t-il pas singulier, comme à moi, que la jeune fille soit en province, chez une parente éloignée, au lieu d'être près de sa mère si gravement atteinte?

— Question d'argent, mon cher... — il y a un gros héritage à recueillir...

— Les Chaslin sont riches?...

— Très riches, mais l'héritage de la tante sera considérable, et l'on ne voudrait point qu'il passât dans les mains de collatéraux... — Mademoiselle Hélène doit épouser un cousin éloigné, le vicomte René de Logeryl, substitut du procureur de la République, ici, à Paris... — Ce mariage été arrangé par la grand'tante qui aime beaucoup le jeune homme... — Elle a promis d'assurer par contrat toute sa fortune aux époux futurs, à la condition que mademoiselle Hélène resterait auprès d'elle pendant quelques années... — Voilà pourquoi, après le coup de tête du fils, le duc vit seul avec sa femme...

— Il me semblait avoir entendu dire que la duchesse avait une demoiselle de compagnie...

— Vous ne vous trompez pas... Une charmante Anglaise... Mais la mère de cette jeune fille est morte, laissant de petits enfants orphelins, et il lui a fallu retourner à Londres, à son grand regret, car elle aimait tendrement madame de Chaslin qui est la meilleure des femmes et très facile pour ceux qui l'entourent...

— Un peu jalouse de son mari, pourtant, m'a-t-on dit...

— Que voulez-vous? c'est une faiblesse involontaire qu'il faut lui pardonner, car elle est la première à en souffrir...

— Cette jalousie a-t-elle de sérieux motifs?

— Aucun... le duc est un mari modèle...

— Cependant, la jolie Anglaise?

— Rien, mon cher baron, absolument rien !... — La duchesse s'était mis martel en tête sans raison... Une simple lubie... — Le duc s'est fâché sérieusement, puis tout s'est rabiboché, et le calme est revenu. Néanmoins madame de Chaslin, quoique rassurée, a vu partir sans grand regret la demoiselle.

— Ce qui fait que vraisemblablement elle n'en prendra pas d'autre.

— Elle l'aurait voulu, mais c'est impossible...— L'isolement est trop complet... — Bref on cherche en ce moment une jeune fille...

— Il me semble que c'est facile à trouver...

— Pas déjà tant?... — C'est un emploi de haute confiance !... — Songez qu'il faut une personne bien élevée, instruite, bonne musicienne, sachant assez d'anglais pour donner la réplique à la duchesse qui aime causer dans cette langue... enfin d'une irréprochable moralité... — Toutes ces qualités sont rares, surtout quand il s'agit de les réunir... — On m'avait prié de m'occuper de cela et de faire un choix.

— On s'en rapportait absolument à moi... — J'ai pris des informations... Je me suis renseigné auprès de mes amis et, en somme, je n'ai pas mis la main sur le phénix qu'on désire à l'hôtel de Chaslin...

— Mon cher docteur, vous aurez mal cherché...— Le phénix, comme vous dites, n'est point introuvable...

— Si vous le connaissez, indiquez-le moi... — Sur votre recommandation je l'accepte les yeux fermés, et aujourd'hui même, à dîner, j'en parlerai au duc et à la duchesse...

— Je ne le connais pas... — les filles honnêtes ne sont point mon fait... — répondit César en souriant;

— mais je puis vous indiquer une maison qui dénichera, sans le moindre doute, l'oiseau rare en quarante-huit heures...

Le docteur fit une moue très prononcée.

— Une maison de placement ? — demanda-t-il.
— Mauvaise affaire !... — On y trouve de la camelote...

— Je vous parle, mon cher ami, d'une maison honorable, que vous connaissez sans doute de réputation et dont la loyauté scrupuleuse est proverbiale... l'étude Malpertuis...

— L'étude Malpertuis ! — répéta le docteur. — Tiens, au fait, vous avez raison !... Maison connue et très estimée... — Un de mes clients, le comte de Rouvray, y a demandé une institutrice pour sa fille... — On lui en a fourni une dont il est émerveillé...

— Vous voyez...

— Où se trouve l'étude ?

— Rue de la Victoire, n°...

— Il est trop tard pour m'y rendre aujourd'hui... mais j'irai demain de bonne heure... — Vous pensez que M. Malpertuis aura notre affaire en vue ?...

— Ses relations sont immenses... — S'il n'a pas sous la main le sujet demandé, il le trouvera vite...

— Merci, mon cher baron... — Je vous dis : au revoir, et je me sauve... On dîne à sept heures à l'hôtel de Chaslin, et il faut que j'aille m'habiller...

— N'oubliez pas de venir rue François Ier en sortant de table.

— J'y serai vers dix heures.

Le docteur glissa sous enveloppe la lettre qu'il écrivait au moment de l'arrivée de César, traça l'adresse, serra l'enveloppe dans un portefeuille, mit son chapeau, jeta son pardessus sur ses épaules et quitta le café de la Paix.

Nous suivrons son exemple et nous conduirons nos lecteurs chez le duc de Chaslin.

L'hôtel de Chaslin était situé rue du Faubourg-Saint-Honoré, entre une vaste cour et un immense jardin.

Deux portes cochères, donnant accès dans la cour, permettaient aux voitures d'entrer et de sortir en prenant la file les soirs de réception.

Le jardin s'étendait jusqu'aux Champs-Elysées, dont une grille le séparait.

Tout à coté — à droite — se trouvait l'hôtel du vicomte Armand de Grandlieu, dont nous avons, ailleurs, raconté la tragique histoire (1).

Depuis que madame de Chaslin était atteinte du terrible mal dont nous venons d'entendre le docteur parler au baron, le duc avait cessé de recevoir.

Le départ d'Hélène pour Besançon, l'engagement de Roger dans un régiment de cavalerie, avaient rendu plus épaisse et plus sombre encore l'atmosphère de tristesse qui pesait sur l'hôtel.

(1) Les *Tragédies de Paris*, la *Vicomtesse Germaine*. — Dentu, éditeur.

La duchesse, devenue très nerveuse, très impressionnable, souhaitait la solitude et ne s'intéressait plus aux élégantes frivolités du monde, sentant bien qu'elle n'y rentrerait pas.

Quelques vieux amis savaient cependant encore le chemin de la maison désolée, et venaient de temps à autre passer une heure avec le duc.

Le genre de vie forcément très simple ne nécessitait plus un personnel considérable et le nombre des domestiques était très restreint.

Un cocher, un valet de pied, un valet de chambre, un cuisinier, une aide de cuisine, une femme âgée (la nourrice d'Hélène), servant de femme de charge et de femme de chambre à la duchesse, une seconde femme de chambre, le concierge enfin, et c'était tout.

Nous savons que la duchesse avait prié le docteur de lui trouver une demoiselle de compagnie.

Le docteur possédait toute la confiance et toutes les sympathies de M. et de madame de Chaslin.

Le moment nous semble venu d'entrer à son sujet dans quelques détails.

Agé de quarante-cinq ans environ, instruit, intelligent, fils d'un professeur distingué de la faculté de médecine, Antonin Frébault, reçu docteur à vingt-deux ans, s'était établi à Paris avec une clientèle toute formée, celle que son père lui laissait en se retirant.

Le jeune médecin comprit que la fortune ne pou-

7.

vait que lui sourire, à la condition d'être exact, travailleur, et de passer pour un homme sérieux.

Or, il était de tempérament sensuel et — comme on disait au dix-huitième siècle — de complexion amoureuse.

Il s'arrangea fort adroitement de manière à concilier ses goûts avec les exigences de son état et les intérêts de son avenir.

Le jour, il se montrait rigide et puritain dans ses discours et sa conduite, quoique souriant et charmant pour ses malades.

De sept heures du matin à sept heures du soir, il se livrait courageusement et consciencieusement au devoir professionnel.

Sa journée finie, une vie nouvelle commençait : — vie à outrance, meurtrière à coup sûr pour une constitution moins vigoureuse que la sienne.

Il usait, ou plutôt il abusait de tout, et souvent, après une nuit trop bien employée, c'est à peine s'il pouvait se tenir sur ses jambes.

Une heure de sommeil suffisait à rétablir l'équilibre, au moins en apparence, et le viveur débraillé cédait la place, jusqu'au soir, au grave médecin.

Antonin Frébault était taillé pour vivre cent ans.

Néanmoins, à mener cette *existence de polichinelle* — (ce sont ses expressions) — il compromettait sa santé puissante, et chaque jour il perdait un peu de cette solidité dont il était si fier.

Hâtons-nous d'ajouter qu'il ne s'en doutait pas, quoique parfois il affectât de plaisanter à ce sujet.

Il avait été décoré en 1871, après de grands services rendus aux ambulances pendant la guerre et pendant la Commune.

Vingt années auparavant — succédant à son père — il était devenu le médecin d'abord, puis l'ami de la famille de Chaslin.

En dehors du mensonge perpétuel nécessité par sa vie en partie double, le docteur était la franchise même.

Aimable et gai sans cesse — même à ses heures de puritanisme officiel — il n'avait point d'ennemi.

On pouvait compter sur lui toujours et en toute occasion ; — on le savait, et on l'aimait à cause de cela.

Une fois chaque semaine, il dînait à l'hôtel de Chaslin.

C'était à vrai dire un sacrifice pour lui qui préférait, et de beaucoup, à la table aristocratique, un cabinet particulier en compagnie galante ; mais, le pli étant pris, il ne pouvait se soustraire à ce qu'il appelait son dîner de pénitence.

On doit se souvenir que l'année 1879 fut une année terrible.

L'été n'avait été qu'un continuel déluge.

En automne, cependant, l'inclémente nature s'était décidée à accorder quelques beaux jours ;

puis les pluies, recommençant de nouveau, ramenaient les soirées froides et les nuits glaciales.

Un feu clair pétillait dans la cheminée du grand salon de l'hôtel de Chaslin.

La duchesse était à demi couchée sur une chaise-longue placée très près du foyer, car le docteur Frébault recommandait pour la malade une température de serre chaude.

Madame de Chaslin n'avait que quarante-cinq ans, nous le savons, et nous savons aussi que malgré les souffrances résultant de sa maladie de cœur elle était belle encore.

Son visage d'une pâleur mate, aux traits réguliers, à l'expression mélancolique et résignée, offrait au plus haut point le type patricien.

Une abondante et soyeuse chevelure ondée, d'un châtain clair, couronnait son visage amaigri, aux grands yeux d'un bleu sombre que le feu de la fièvre faisait étrangement briller.

Un long voile de dentelle blanche, posé sur la tête et noué sous le menton avec une gracieuse négligence, donnait à sa tête cet aspect vaporeux et poétique recherché par madame de Mirbel dans ses miniatures célèbres.

Un peignoir de cachemire blanc garni de point d'Alençon enveloppait son corps digne autrefois de servir de modèle à un statuaire, et dont l'amaigrissement seul diminuait la beauté plastique.

Le duc était assis en face d'elle.

Quoiqu'il eût soixante-cinq ans, et que sa chevelure taillée en brosse et sa longue moustache fussent plutôt blanches que grisonnantes, il paraissait de dix ans plus jeune que son âge.

C'est à peine si quelques rides imperceptibles rayaient sa figure un peu colorée, et éclairée par des prunelles étincelantes, d'un ton de bistre semé de points d'or.

Sa physionomie très mobile devait être expressive. — En ce moment, elle se trouvait pour ainsi dire au repos.

Si peu qu'on fut observateur, un seul regard jeté sur M. de Chaslin devait suffire pour constater qu'en dépit de la date de son acte de naissance le duc avait conservé la triple jeunesse du cerveau, du cœur et des sens, et que les orages de la passion pouvaient gronder sous ses cheveux blancs.

Les plus terribles incendies s'allument dans les vieilles maisons...

XII

— Je ne suis point de votre avis, ma chère Jeanne, — disait le duc en continuant une conversation commencée — je soutiens qu'Hélène serait mieux à sa place auprès de vous que chez sa grand'mère...
— Pourquoi ne pas la faire revenir, au lieu de chercher partout une demoiselle de compagnie si difficile à trouver ?
— L'éloignement d'Hélène est utile à son avenir, vous le savez bien, mon ami... — répliqua madame de Chaslin. — Les volontés de ma tante Marthe vous sont connues... — Hélène et Armand de Logeryl seront ses héritiers, à la condition que sa petite-nièce ne la quittera pas... — Depuis deux ans la chère octogénaire s'est prise d'une tendresse passionnée pour Hélène dont la présence semble prolonger sa vie... — Rappeler notre fille en ce moment serait cruel.
— Mais vous souffrez de cette absence...
— Parfois elle me semble pénible et presque in-

supportable, j'en conviens... — La réflexion me calme et mon chagrin disparaît... — Grâce à Dieu je ne suis point égoïste, et je fais passer l'intérêt d'Hélène avant ma satisfaction personnelle...

— Qu'importe la fortune de madame de Roncey?... — Nous sommes assez riches pour doter largement notre fille...

— Sans doute, mais nous devons penser aussi à M. de Logeryl... — Armand, fiancé d'Hélène, aura la moitié de l'héritage de sa tante... — Rappeler Hélène serait peut-être faire tomber sur lui le juste ressentiment de madame de Roncey... — J'ai d'ailleurs une autre raison, et très puissante, pour ne point rappeler Hélène...

— Quelle raison ?

— La chère enfant, qui me sait malade, croirait certainement à une aggravation soudaine de mon état. — Ma tante ne manquerait pas de partager cette croyance, et le saisissement pourait abréger sa vie... Les vieilles gens prennent peur quand ils voient partir les plus jeunes avant eux...

— Vous avez toutes les délicatesses, chère femme... — murmura le duc ; puis il ajouta : — Que votre volonté soit faite... — Laissons Hélène à Besançon et continuons à chercher une demoiselle de compagnie... — Le docteur s'en occupe, je crois...

— Oui, — peut-être nous apprendra-t-il, ce soir, qu'il a réussi.

— Je le souhaite vivement pour vous...

— Oh! — fit la duchesse en souriant, — je suis patiente... — Autre chose : Avez-vous écrit à Roger comme je vous l'avais demandé?

— Oui, ce matin...

— Une longue lettre?...

— Très longue...

— Vous ne l'effrayez point au sujet de ma situation maladive?...

— Je lui dis que vous êtes en pleine voie de convalescence, ce qui est vrai.

— Ce cher enfant, — murmura Jeanne dont les yeux devenaient humides. — Nous allons bientôt le revoir...

— Oui, bientôt...

— Vous serez heureux de son retour, n'est-ce pas, Henry?...

— Ce serait mal à vous d'en douter... — dit le duc avec émotion.

— Loin de moi la pensée de vous faire un reproche, — poursuivit madame de Chaslin en tendant à son mari une main blanche et patricienne, qu'il pressa contre ses lèvres, — mais, si Roger est parti, c'est un peu votre faute...

— Je ne l'ignore point et je l'ai regretté plus d'une fois, vous le savez, quoique ma dignité paternelle ne me permette point d'en convenir vis-à-vis de lui...

— Roger — poursuivit la duchesse — a comme vous une nature fière, hautaine, toute de premier mouvement... — A vingt-deux ans c'était un homme déjà, et vous le traitiez trop en enfant... — Il avait fait des folies, des dettes, que sais-je?... — Eh! mon Dieu, c'était de son âge!... — N'avez-vous pas été jeune, vous aussi?... — Son grand tort a été de répondre d'une façon trop vive à vos reproches trop sévères... — Mais combien il déplorait, le lendemain, cet emportement... — C'est un bon fils... il vous aime de toute son âme... — Je serai bien heureuse de son retour, car je crois fermement qu'il ne s'élèvera plus à l'avenir, entre vous, l'ombre d'un nuage.

— Chère Jeanne, je vous le promets...

— La vie militaire, d'ailleurs, lui aura certainement été utile... — On affirme que la discipline assouplit les caractères les plus rebelles... — Roger touche à sa vingt-quatrième année... c'est âge d'homme... — A son retour, nous le marierons...

— C'est-à-dire qu'il se mariera lui-même...

— Comment cela?... — Vous ne supposez pas qu'il veuille se soustraire à notre influence en un sujet si grave?...

— Il a des idées fort arrêtées, je le sais... — Il n'admet pas les mariages de convenance d'où la passion est absente de part et d'autre... — il veut aimer d'amour la femme qu'il épousera, et il veut être aimé d'elle...

— Peut-être a-t-il raison... — Toutes les convenances peuvent se trouver réunies dans un mariage d'amour...

— Nous en sommes la preuve... — appuya M. de Chaslin. — Nous nous aimions en nous mariant... nous nous aimons encore...

En ce moment le timbre de l'hôtel résonna, annonçant une visite et, au bout d'une demi-minute, le valet de chambre introduisit Antonin Frébault.

M. de Chaslin fit quelques pas au-devant du docteur et lui serra la main.

Le singulier personnage dont nous connaissons l'existence en partie double s'approcha de Jeanne, la salua respectueusement et lui dit :

— Eh! mais, madame la duchesse, il me semble que nous allons tout à fait bien aujourd'hui...

— Oui, cher docteur... — répliquâ la malade. — J'ai passé une journée très calme... mes palpitations ont fait trêve de façon presque absolue...

— Sérieusement, n'est-ce pas, je vais mieux ?...

— Vous allez tellement mieux, que le moment approche où je ne viendrai plus vous voir qu'en ami...

— Que m'ordonnez-vous?

— De continuer l'emploi des pilules de digitaline...

— Pas autre chose?

— Non...

— Traitement facile !... — Docteur, vous êtes-vous occupé de ma demoiselle de compagnie ?...

— Je l'ai demandée à tous les échos...

— Et les échos vous ont-ils répondu?...

— Pas encore absolument; mai j'ai le ferme espoir, pour ne pas dire la certitude, qu'ils répondront demain matin...

— Dans un sens favorable?

— Assurément oui.

— Dès que vous aurez réussi, vous viendrez m'avertir...

— Sans perdre une minute... Madame la duchesse peut y compter...

— Docteur, vous êtes l'homme du monde le plus aimable... Nous vous garderons longtemps ce soir, n'est-ce pas?

— Je voudrais, madame la duchesse, pouvoir vous répondre d'une manière affirmative, mais j'ai promis de me trouver à dix heures chez un de mes malades...

— Enfin vous serez notre hôte jusqu'à neuf heures et demie... — dit M. de Chaslin. — Il ne faut pas exiger plus d'un homme surchargé de besogne.

— En effet, je suis brisé... — à peine ai-je pu prendre un peu de repos la nuit dernière... — le devoir professionnel m'a tenu debout presque jusqu'au jour.

— Pauvre docteur!... — quel courage! — il se tue pour sauver les autres! — En vérité, c'est de l'héroïsme!...

Antonin Frébault saluait coup sur coup, en murmurant :

— Trop bonne, madame la duchesse!... mille fois trop bonne!...

La porte du salon s'ouvrit de nouveau et le valet de chambre annonça :

— M. le vicomte de Logeryl...

Armand de Logeryl, substitut du procureur de la République et fiancé d'Hélène, était un jeune homme de vingt-sept à vingt-huit ans, joli garçon, distingué, et de physionomie sérieuse.

Très bien né, très bien apparenté, mais sans fortune, son mariage avec mademoiselle de Chaslin, et sa part de l'héritage futur de madame de Roncey, devaient lui donner une grande situation pécuniaire.

Il n'en travaillait pas moins avec acharnement, comme si son avenir avait dépendu tout entier de son avancement dans la magistrature.

Des traces de fatigue se voyaient sur son visage un peu pâle.

Le duc en fit la remarque après l'échange d'un certain nombre de banalités affectueuses.

— Il est certain — répliqua le substitut en souriant — qu'en ce moment, au parquet, nous sommes surchargés... — le crime *donne* d'une manière étonnante...

— Racontez-nous quelque beau crime Armand... — dit la duchesse ; — j'adore les histoires effrayantes et les émotions qu'elles procurent.

— Emotions que je vous défends de la manière la plus absolue!... — interrompit le docteur. — Du calme... du calme... et encore du calme... voilà mon ordonnance... — Il ne vous faut ni joie, ni chagrin, ni surprise, ni frayeur... — la monotonie la plus absolue... un peu d'ennui même, et tout ira bien... — Je vous prie donc, mon cher substitut, et je vous fais sommation au besoin, d'avoir à vous abstenir de tout récit un peu trop émouvant...

— Mon cher docteur — répondit Armand avec un sourire, — comptez sur mon obéissance...

— J'aurais cependant bien voulu savoir où en était cette affaire très curieuse dont Armand nous parlait il y a quelque temps... — reprit la duchesse.

— Quelle affaire? — demanda le vicomte.

— Ah! pas un mot de plus!... — interrompit Frébault.

— Aucune émotion à craindre, je vous assure docteur... — répliqua madame de Chaslin. — Un mystère à pénétrer, voilà tout... — Je voulais parler de l'affaire de Courbevoie...

— Fanny Vernaut, l'infanticide?... — fit le substitut.

— Oui, c'est cela... — Y a-t-il du nouveau?...

— Non, ma chère tante, mais peut-être ne tardera-t-il pas à y en avoir...

— Comment?

— Nous avons lancé la police sur la piste d'un certain Pierre Rédon, qui pourra sans doute nous donner des renseignements utiles...

— Un homme compromis dans l'affaire, ce Pierre Rédon ?...

— Non.... pas jusqu'à présent du moins... Seulement on suppose qu'entre lui et Fanny Vernaut existaient des relations très intimes...

— La police le découvrira-t-elle ?

— S'il n'a pas quitté Paris, pourquoi non ? — Les agents de la sûreté sont habiles et trouvent généralement ce qu'il cherchent... — Rien ne prouve d'ailleurs que Pierre Rédon ait un intérêt à se cacher...

— Vous me tiendrez au courant n'est-ce pas ?...

— Je vous le promets...

L'apparition du valet de chambre faisant fonctions de maître d'hôtel, et la phrase sacramentelle : — *Madame la duchesse est servie!* — interrompirent l'entretien.

Laissons les convives du duc de Chaslin passer à la salle à manger, et prions nos lecteurs de nous accompagner, vers dix heures du soir, rue François Ier, à l'hôtel d'Hector Bégourde, prince de Castel-Vivant.

Une quinzaine de convives, parmi lesquels se trouvaient cinq ou six femmes, venaient de quitter la table hospitalière et luxueusement servie dont Geneviève, la jalouse maîtresse d'Hector, avait fait les honneurs.

Disons en passant que Geneviève était une fort jolie fille de vingt-six ans à peu près, naturellement brune, mais devenue d'un blond roux grâce à l'emploi d'une teinture anglaise bien connue et très appréciée.

Sous cette toison d'écureuil ébouriffé ses yeux noirs étincelants et ses sourcils noirs bien arqués produisaient l'effet le plus original et le plus piquant.

Ce constraste la rendait *bizarre*, lui donnait infiniment de galbe et un relief à tout casser, comme disait le prince Totor.

Le corail des lèvres servait d'écrin à trente-deux perles éblouissantes.

La taille élancée, la gorge ferme et saillante, les hanches fortes, complétaient un ensemble plein de *montant*.

Seuls les pieds et les mains manquaient notablement de finesse et décelaient l'absence de race.

Geneviève remplaçait l'esprit par un imperturbable aplomb et par un *bagout* quelquefois drôle.

Elle portait avec une élégance naturelle et un chic indiscutable les toilettes les plus excentriques.

L'or et les billets de banque se volatilisaient littéralement entre ses doigts, sans qu'il lui fût possible de dire ensuite où ils avaient passé, car il n'en restait rien : mais ces furieux goûts de dépense ne pouvaient pratiquer qu'une brèche insignifiante dans les millions du petit prince.

Aucun incident qui vaille la peine d'être signalé ne s'était produit pendant le repas, sauf une scène de jalousie de Geneviève, éclatant comme une bombe sous le prétexte le plus futile.

Cette scène — (accueillie par Hector avec un stoïcisme qui ressemblait beaucoup à de l'indifférence) — avait fait notablement froncer le sourcil à César de Fossaro, l'un des convives du prince.

On venait, avons-nous dit, de quitter la salle à manger et de franchir le seuil du fumoir où l'on devait prendre le café avant de s'installer pour le reste de la nuit à la table de baccara préparée dans le grand salon.

Ce fumoir, entièrement tendu de cuir fauve et éclairé par les cent bougies d'un lustre de fer forgé, était garni de sièges en cuir pareils à celui de la tenture.

Quatre meubles d'ébène sculpté, ayant à peu près la forme de bibliothèques, contenaient, au lieu de de livres, des boîtes de cigares de toutes les grandes marques de la Havane.

XIII

Dans les panneaux situés entre les meubles d'ébène s'étalaient des panoplies très curieuses, composées d'armes de toute sorte dont quelques-unes étaient assez rares pour rendre jaloux le musée d'artllerie.

On voyait là des épées anciennes de tous les pays : lames florentines et lames de Tolède, dagues ciselées et damasquinées, rapières d'une longueur invraisemblable, stylets triangulaires et poignards de miséricorde, cimeterres et kandjiars ; — armes à feu de provenances variées : mousquets, tromblons, fusils, pistolets, revolvers, carabines, rifles américains ; armes orientales aux fourreaux incrustés de pierres précieuses, armes anglaises, espagnoles, russes ; — des kriss, des yatagans ; — des arcs de grande taille et d'un travail bizarre, des carquois indiens, des flèches empennées aux couleurs éclatantes, etc., etc.

Des divans de cuir fauve étaient placées sous ces panoplies.

Au moment où sonnaient dix heures, l'arrivée du docteur Antonin Frébault fut accueillie par les joyeuses exclamations des femmes et par les cordiales poignées de main des hommes.

En passant de l'hôtel du duc de Chaslin à celui du prince Hector, le médecin s'était transfiguré d'une façon complète.

La gravité professionnelle, l'austérité de commande avaient disparu. — La figure ronde et rouge rayonnait. — Les yeux émerillonnés pétillaient d'esprit gaulois. — Les lèvres souriaient avec une expression joyeusement rabelaisienne.

Au millieu des agapes du monde où l'on s'amuse, le bon docteur se trouvait dans son élément.

Pour respirer à pleins poumons il avait besoin d'une atmosphère épaissie par la fumée des cigares et les parfums des femmes.

César de Fossaro s'approcha de lui.

— Eh bien ! cher docteur, — lui demanda-t-il, — comment va la duchesse ?

— Absolument de même... — répondit Antonin. — Aucune modification ne se produit dans un sens ou dans l'autre...

— Son état vous paraît toujours très grave ?...

— Plus que jamais... — Les chances de salut n'existent pas selon moi... — Pour sauver la duchesse il faudrait un miracles... Or, nous vivons en un siècle sceptique où les miracles ne sont plus de mode... — L'existence de madame de Chaslin peut se prolonger quelque temps encore, mais un dénouement fatal est inévitable...

— Vous a-t-elle entretenu de la mission dont elle vous avait chargé?...

— Relativement à une demoiselle de compagnie?...

— Oui.

— Sans doute et, fort du renseignement que vous m'avez donné, j'ai cru pouvoir lui promettre une solution favorable à bref délai.

— Vous le pouviez sans risque, et vous verrez que je suis homme de bon conseil.

— J'irai demain faire un tour à l'étude Malpertuis... A demain donc les affaires sérieuses et cette nuit, tout à la joie !

Au moment où s'échangeaient ces dernières paroles entre les deux hommes, Geneviève jugea convenable de se manifester par une nouvelle algarade.

Hector, sans autrement songer à mal et par simple habitude de galanterie, venait d'embrasser les épaules nues d'une jeune femme qui lui présentait une tasse de café en souriant.

Certes, ce péché véniel méritait beaucoup d'indulgence.

Geneviève, n'en jugeant point ainsi, trouva bon d'éclater et le fit avec une énergie peu commune.

Hector accueillit ses clameurs jalouses par un éclat de rire ironique.

Exaspérée — ou feignant de l'être — Geneviève glapit :

— Ah ! l'on commence par m'insulter, et l'on se fiche de moi après !... — Eh bien, tant pis ! je vais faire un malheur...

Elle s'élança vers une des panoplies, saisit une flèche indienne, et la brandissant comme un épieu en menaça sa prétendue rivale.

— Sapristi ! ma chère, pas de blague !... — cria Hector en devenant pâle. — Lâche ce joujou-là !... — Ça mord !... — Une simple piqûre et l'on est flambé !...

Ces mots calmèrent Geneviève comme par enchantement.

Elle s'assit, toute tremblante, sur un divan, en laissant tomber la flèche que le petit prince ramassa vivement.

— Ces armes sont donc empoisonnées ? — demanda le baron de Fossaro.

— Oui, mon bon... — répondit l'ex-Bégourde, — l'ami qui me les a rapportées, il y a quelques jours, des pays les plus sauvages, m'a conté que les pointes d'acier, rougies au feu, étaient trempées dans le curare, un poison d'un chic colossal !... — Une égratignure de rien du tout, et crac !... plus personne !...

— Votre ami a-t-il dit vrai ?

— Entre nous, j'en doutais un peu... mais je n'en doute plus... J'ai fait l'expérience.

— Et sur qui, grand Dieu ?

— Sur un bull de mes écuries... — Ah ! je vous garantis que le pauvre toutou n'a pas souffert... — A peine piqué, c'était fini...

— Rien de plus certain, — appuya le docteur. — Le curare est foudroyant, et les Indiens sont passés maîtres dans l'art d'empoisonner leurs flèches.

— Il peut arriver un accident, mon bébé — fit Geneviève, ne pensant plus à sa jalousie. — Donne l'ordre de supprimer ces horreurs-là ! ! !

— Ce serait dommage — répliqua le prince — ces flèches sont d'un galbe énorme, mais je ferai mettre des bouchons aux pointes...

César de Fossaro avait écouté fort attentivement tout ce qui précède.

Quand la conversation eut changé d'objet, il passa la main sur son front et fit à Geneviève un signe presque imperceptible.

La jeune femme prit une boîte de cigares, s'approcha de lui avec un sourire et dit :

— Mon cher baron, prenez donc un ces *regalia britannica*... — On affirme qu'ils sont exquis...

César, tout en choisissant un cigare, murmura d'une voix très basse :

— J'ai à te parler, ma petite... — Demain, à onze heures du matin, je te verrai...

— Où ?

8.

— Chez toi...

— Mais si je reste ici cette nuit ? — répliqua Geneviève du même ton.

— Il n'y faut pas rester.

— C'est donc sérieux ?

— Très sérieux...

— Il s'agit du prince ?...

— Oui.

— Je parie qu'il me trompe...

— Demain je te dirai cela...

— Eh bien ! à demain...

Le café pris, le jeu réclamait ses fidèles.

On passa dans le grand salon, où la table de baccara fut à l'instant même entourée.

— Je pose une banque de cinq cents louis... — dit Hector.

Vers trois heures et demie du matin, César de Fossaro, en gain d'une centaine de louis, quitta la rue François Ier et regagna l'hôtel de la rue de Provence.

Son valet de chambre ne l'attendait jamais, — par ordre.

Il se coucha et s'endormit aussitôt d'un profond sommeil, mais il avait la volonté ferme de se réveiller à sept heures. — A sept heures il ouvrit les yeux, sauta en bas de son lit, sonna son domestique et s'occupa de sa toilette à laquelle il donnait des soins minutieux ; — il prit ensuite une feuille de papier et écrivit ces lignes :

Dans la matinée d'aujourd'hui, le docteur Antonin Frébault se présentera certainement à l'étude.

Donne consigne, car il importe de simuler absence et de ne le recevoir qu'après m'avoir vu.

Il signa des deux initiales : P. C., — mit la lettre sous enveloppe, traça l'adresse de Malpertuis, avec la mention : TRÈS PRESSÉE ; ouvrit un tiroir de son bureau, y prit un trousseau de clefs et un numéro du *Gaulois*, et glissa le tout dans les poches de son pardessus.

Fritz, appelé par un coup de sonnette, accourut.

— Je déjeune dehors, — lui dit César, — prévenez la cuisinière.

— Monsieur le baron sort à pied ?

— Oui. — Donnez l'ordre à Jean de se trouver à deux heures précises avec le coupé rue François Ier, à la porte de l'hôtel du prince de Castel-Vivant, si je ne suis pas rentré d'ici là...

— Bien, monsieur le baron...

M. de Fossaro déposa chez le concierge de la rue de la Victoire le billet laconique destiné à Malpertuis, suivit la rue de Provence jusqu'à la rue Lafayette, monta dans un coupé de régie qui passait à vide et dit au cocher :

— Grande rue de la Chapelle, numéro 44...

— A l'heure ou à la course, bourgeois ?

— A la course, et vivement... — Bon pourboire !...

Le cheval était frais et partit au grand trot.

Le plus grand nombre de nos lecteurs ignorent certainement que les premières maisons de la Grande rue de la Chapelle, du côté des numéros pairs, ont deux entrées, et par conséquent deux sorties, l'une sur la rue de la Chapelle, l'autre sur la rue Philippe-de-Girard.

Ces maisons, de construction déjà ancienne, sont pour la plupart pourvues de cours entourées de grands bâtiments.

Les piétons désireux d'éviter un long détour pour aller de la rue de la Chapelle à la rue Philippe-de-Girard, et réciproquement, traversent ces cours avec un parfait sans-gêne, accepté d'ailleurs par les propriétaires et par les concierges.

Ceux-ci, habitués à ce va-et-vient qui commence vers sept heures du matin et finit fort tard dans la soirée, n'accordent aucune attention aux gens qui entrent d'un côté pour sortir de l'autre.

La voiture conduisant César de Fossaro s'arrêta au numéro indiqué.

Le baron paya son cocher et pénétra sous la voûte conduisant à l'une de ces vastes cours dont nous avons parlé.

Les corps de bâtiment entourant cette cour possédaient de nombreux escaliers, désignés par les lettres de l'alphabet.

César gravit l'escalier D, étroit et sombre, et ne fit halte qu'au troisième étage.

Là commençait un long couloir obscur, sur

lequel s'ouvraient plusieurs portes numérotées.

Il alla jusqu'à celle du fond, qui portait le numéro 12, tira de sa poche le trousseau de clefs, en choisit une, l'introduisit dans la serrure, ouvrit, entra, et referma vivement derrière lui.

Vingt minutes s'écoulèrent.

Au bout de ce temps la porte n° 12 tourna de nouveau sur ses gonds, et un homme sortit.

Cet homme semblait âgé d'environ cinquante ans.

Il avait des cheveux châtain clair et des favoris de la même nuance, légèrement grisonnants.

Son visage, aux tons cuivrés, offrait une expression brutale.

Un œil unique, singulièrement mobile, brillait dans ce visage.

L'orbite de l'autre était vide, sauguinolente, hideuse.

Le costume de cet étrange personnage, — qui rappelait très vaguement César de Fossaro, — était celui d'un employé à l'aise, mais sortait à coup sûr de ces maisons de confection où les détails absolument négligés décèlent la modicité du prix.

Il était coiffé d'un petit chapeau rond et portait un parapluie.

Le borgne referma la porte, mit le trousseau de clefs dans sa poche, descendit l'escalier, traversa la cour et se dirigea vers la sortie de la rue Philippe-de-Girard.

Il suivit cette rue jusqu'au square de la Chapelle où se trouve une station de voitures.

Là il prit un fiacre.

— Où allons-nous? — demanda le cocher.

— A Belleville.

— Quelle rue ?

— Rue de Crimée... — Vous m'arrêterez à l'entrée, près du square.

A huit heures et demie, le fiacre stoppait à l'endroit indiqué.

Le borgne se dirigea pédestrement vers la rue Compans, située sur le versant ouest des hauteurs de Belleville.

Il la longea pendant cinq minutes et arriva en face d'une muraille assez élevée, couronnée de lierre.

Au-dessus de cette muraille on apercevait les cimes de vieux arbres que les longues nuits d'automne commençaient à jaunir.

Une porte bâtarde, peinte en gris, trouait le mur à son point central.

Le borgne mit en branle deux fois de suite la chaînette, et le son d'une cloche retentit dans le jardin.

Cette sonnerie, répété deux fois, devait être un signal.

Le bruit d'une porte ouverte et refermée, et celui d'un pas rapide faisant crier le sable du jardin, arrivèrent successivement à l'oreille du visiteur.

Des verrous furent tirés, l'huis s'entrebailla, et une femme de cinquante à cinquante-cinq, maigre, blafarde, à figure revêche, parut sur le seuil.

— Tiens ! monsieur Pierre, c'est vous !... s'écria cette femme en grimaçant une manière de sourire ; — vous voilà de retour, déjà ! !

— Oui, Marguerite.

— Nous ne vous attendions point sitôt...

— Ne me barrez pas le passage, Marguerite, je vous prie, et refermez au verrou derrière moi...

XIV

Marguerite obéit.
— Blanche est-elle levée ? — reprit le borgne.
— Pas encore, monsieur Pierre... La chère enfant a été un peu souffrante hier, et j'ai voulu qu'aujourd'hui elle prît un repos plus long que d'habitude.
— Est-elle éveillée, au moins ?
— Oh ! pour ça, oui.
— Eh bien ! prévenez-la que je suis ici et que je la prie de me recevoir... J'ai à causer avec elle.
— Bien, monsieur Pierre, j'y vais.
— Un instant encore... Que s'est-il passé au chalet depuis huit jours ?
— Absolument rien.
— Qu'a fait Blanche ?
— Ce qu'elle fait toujours... Elle a lu... cultivé ses fleurs... peinturluré... tapoté sur son piano, et rêvé... rêvé beaucoup...

— Pas de colères sans motifs ? de crises nerveuses ?... d'humeurs sombres ?...

— Non, monsieur Pierre... De temps en temps un peu de mélancolie, voilà tout...

En échangeant ces paroles nos deux personnages suivaient une allée sablée, décrivant de gracieux méandres autour d'une pelouse qu'ombrageaient de grands arbres.

Çà et là se bombaient des massifs d'arbustes et des corbeilles de fleurs.

Au fond du jardin on voyait un joli chalet minuscule composé d'un rez-de-chaussée et d'un premier étage, et ressemblant à ces joujoux d'étagère qu'on fabrique par grosses dans la patrie de Guillaume Tell.

Marguerite ouvrit la porte de ce chalet, s'effaça pour laisser passer le visiteur, referma derrière lui et demanda :

— Déjeunerez-vous avec mademoiselle, monsieur Pierre ?...

— Non... j'ai peu de temps à rester ici... Hâtez-vous donc de prévenir Blanche...

Tandis que Marguerite gravissait l'escalier conduisant au premier étage, le borgne s'assit et jeta autour de lui un coup d'œil inquisiteur.

Il se trouvait dans une sorte de petit salon meublé avec une simplicité qui n'excluait pas l'élégance.

Un piano surchargé de musique, une aquarelle

presque finie sur une petite table, une esquisse très vigoureuse de tons placée sur un chevalet, en pleine lumière, témoignaient des goûts et des occupations artistiques de l'habitante du chalet.

Au bout de moins d'une minute, Marguerite reparut.

— J'ai trouvé mademoiselle debout... —dit-elle; — au bruit de la cloche elle a mis le nez à la fenêtre entre ses rideaux... elle vous a reconnu et s'est préparée vite pour vous recevoir...

— Semble-t-elle contente de ma visite matinale?

— Je ne sais pas si elle est contente, mais elle tremble un peu, comme toujours... — c'est que vous lui faites joliment peur et, quand vous la regardez de votre bon œil, comme pour lire au fond de son âme, elle ne sait plus où elle en est...

— Puis-je monter?

— Oui, Blanche vous attend.

Le borgne gravit les marches et s'arrêta devant une porte.

Il allait frapper.

La porte s'ouvrit et laissa voir dans son encadrement la plus délicieuse créature qu'il fût possible d'imaginer.

C'était une enfant de dix-neuf ans, élancée, mais sans maigreur, aux contours délicats et pleins de promesses, au visage un peu sérieux.

Les grands yeux d'un bleu sombre, animés d'une

flamme vive, semblaient rêveurs et regardaient bien en face.

La bouche d'une fraîcheur de rose naissante, le nez droit et fin aux ailes mobiles, le front bien développé mais un peu bas, comme celui des statues antiques, et couronné d'une épaisse et soyeuse chevelure du blond cendré le plus fin et le plus doux flottant sur les épaules, complétaient un ensemble exquis.

La physionomie de Blanche exprimait en ce moment la timidité, mais on devinait sans peine qu'elle pouvait exprimer aussi la passion et l'énergie.

Ajoutons qu'un sculpteur se serait pris d'enthousiasme pour les extrémités fines et patriciennes de cette séduisante créature, et nous aurons esquissé le portrait de Blanche Renée, la fille de Claire Gaillet.

C'est en parlant de Blanche que le baron de Fossaro disait, la veille, à Malpertuis :

— Suis-je bien sûr d'être son père ?...

La jeune fille se drapait dans un long peignoir de cachemire blanc qui la rendait adorable en dessinant ses formes naissantes.

Elle s'attendait à voir le borgne et néanmoins, à la minute précise où il parut devant elle, l'enfant devint un peu pâle et un frisson passa sur son épiderme velouté.

— Bonjour, monsieur Pierre... — balbutia-t-elle, en baissant les yeux sous le regard du visiteur.

— Bonjour, Blanche... — répondit le borgne...
— Bonjour...

En le voyant s'avancer vers elle, en entendant sa voix brève et sèche, la jeune fille fit involontairement un pas en arrière.

Puis, comme médusée par le regard de l'œil unique qui se fixait sur elle, elle s'arrêta palpitante, presque défaillante.

Le borgne prit une de ses mains qu'il sentit trembler dans la sienne.

Il se pencha vers elle et lui posa ses lèvres sur le front.

Sous l'impression de ce baiser glacial le cœur de Blanche cessa de battre pendant une seconde.

Pierre ne remarqua point, ou du moins ne parut point remarquer cette émotion visible.

— Marguerite vous a prévenue que nous aurions à causer? — demanda-t-il en franchissant le seuil d'une jolie chambre toute virginale, tendue d'étoffe blanche et bleue.

— Oui, monsieur Pierre...
— Asseyez-vous donc et écoutez-moi...

Blanche sembla recouvrer un peu de sang-froid.

Elle avança un siège à son visiteur, s'assit elle-même et balbutia :

— Votre absence a duré peu de temps, monsieur Pierre.

— Je ne me suis point absenté...

— Vous m'aviez cependant parlé d'un voyage...

— Qui n'a pas eu lieu... — interrompit le borgne. — Je n'ai point quitté Paris, où je me suis occupé de vous...

La jeune fille releva la tête et regarda son interlocuteur, osant pour la première fois affronter la fixité du regard qui l'épouvantait.

— De moi ? — répéta-t-elle. — Vous vous êtes occupé de moi ?

— Oui. — Vous avez dix-neuf ans... Vous êtes d'âge à me comprendre et à me seconder... — Je vous connais bien... je vous connais mieux peut-être que vous ne vous connaissez vous-même... — Le fond de votre nature est l'énergie, quoique vous soyez tremblante en ma présence... — Je vous fais peur... — D'où vient cet effroi que rien dans ma conduite avec vous ne justifie ?... — Je l'ignore et ne cherche pas à le savoir... — Vous m'obéissez, et vous m'obéirez toujours, c'est ce que je veux, car de votre obéissance dépend l'avenir que je prépare pour vous et que vous n'oseriez rêver vous-même ; avenir de grandeur, de richesse, de luxe et de plaisir...

Blanche ne tremblait plus.

Elle écoutait le borgne avec une ardente attention, sans baisser les yeux sous son regard fixe ; — un nuage rose montait à ses joues ; — ses narines palpitaient ; — une flamme de convoitise s'allumait dans l'azur de ses prunelles.

En constatant l'effet que produisaient ses paroles le borgne sourit.

— Ce que je vous dis là ne vous étonne point ? — demanda-t-il.

— Non... — répliqua Blanche.

— Pourquoi ?

— Parce que je sais que vous lisez comme en un livre au plus profond de moi-même, et que mes rêves et mes aspirations n'ont rien de caché pour vous... — C'est à cause de cela que je vous crains, ou plutôt que je redoute cette clairvoyance effrayante, car il m'est impossible de mettre en doute votre dévouement aussi bien que votre désir d'assurer mon bonheur...

— Vous me comprenez donc ?... — s'écria Pierre.

— Je le crois...

— Je l'espérais sans en être sûr... — reprit le borgne ; — maintenant, j'en ai la preuve... — Oui, je lis dans votre âme... oui, je comprends vos goûts, vos instincts, vos désirs, et c'est ce qui rendra l'entente entre nous bien facile... — Depuis que je vous étudie, à mesure que l'enfant se transformait en jeune fille, je constatais en vous le développement d'une imagination ardente, d'un esprit inquiet et chercheur, d'une nature éprise des côtés brillants de la vie, d'une âme passionnée, avide de plaisir, prête à tout pour se tailler dans le monde une large place et pour y vivre en souveraine !... — Cela est-il vrai ?

Blanche inclina la tête et répondit :

— Cela est vrai...

Le borgne, souriant de nouveau, continua :

— Au lieu de réprimer ces instincts qui pouvaient vous rendre indomptable en faisant de votre âme un foyer de désirs, je les ai soigneusement entretenus en vous parlant des joies de la vie parisienne, de ses splendeurs et de ses amours... — J'ai placé sous vos yeux des romans pleins de tableaux colorés chaudement, de peintures violentes mais exactes du milieu où vous aspirez à vivre... — Aujourd'hui, sans avoir quitté jamais votre solitude, rien ne vous étonne !... — Vous connaissez le monde que vous n'avez pas vu !... — Nature exceptionnellement douée, vous avez toutes les intuitions, celle du bien, celle du mal... vous auriez au besoin celle du crime...

Blanche ne sourcilla pas ; mais, pour la seconde fois depuis le commencement de l'entretien, un frisson effleura sa chair et ses paupières tressaillirent.

Pierre poursuivit :

— Si j'avais entrepris de vous dompter, je n'aurais obtenu de vous que révolte, révolte silencieuse peut-être, mais invincible... — Vous auriez tenté certainement de briser le joug... — Vous ne l'essayerez plus aujourd'hui, sachant où je veux vous conduire... — En vous recueillant toute petite fille, je devinais votre avenir... — Vous me devez beaucoup !... Vous me devrez plus encore... — Abandonnée par moi, tombée en des mains incapables, vous seriez devenue fatalement l'une de ces créatures déclassées qui sont riches tant qu'elles sont belles, et qu'attendent la Morgue, l'hôpital ou les cabanons d'une maison de folles... — L'éducation n'a pu changer le sang qui coule dans vos veines, mais vous avez appris du moins à dominer la fougue de vos pensées, à calculer, à réfléchir, à vous servir enfin de votre intelligence pour contrebalancer vos instincts... — Si j'avais voulu faire de vous une actrice, vous auriez conquis sans peine une place au premier rang, car votre visage sait exprimer des émotions que vous n'éprouvez pas, et votre voix excelle à les traduire... — C'est un don précieux et qui nous servira... Vous serez comédienne à la ville, sur le grand théâtre du monde... — Dites-moi que je vous ai bien jugée, que vous êtes telle que je vous vois ou que je crois vous voir, et j'ouvrirai devant vous les horizons magiques qui vous apparaissent dans vos rêves... — Parlez !... j'attends...

Le borgne se tut.

Blanche, pâle maintenant, frissonnant, les lèvres serrées, les mains crispées sur ses genoux, regardait avec une véritable épouvante l'homme qui lisait ainsi dans son âme.

Cet homme lui faisait peur, non parce qu'il la connaissait si bien, mais parce qu'elle ne comprenait pas quelle intuition mystérieuse lui faisait deviner tout cela.

Les deux mots : — *Parlez! j'attends!...* — produisirent sur elle l'effet d'une commotion électrique.

Sa véritable nature reprit le dessus ; — elle dompta son émotion et, sans hésiter, elle répondit d'une voix vibrante :

— Vous m'avez bien jugée... — Telle vous me voyez, telle je suis !... — Orgueilleuse, ambitieuse, j'ai soif de tous les luxes et de tous les triomphes... — J'étouffais dans cette demeure ou plutôt dans cette prison et, si je ne m'en plaignais pas, c'est que je songeais à m'en échapper... — La vie calme et plate, routinière et monotone, est un supplice pour moi... Il me faut l'existence ardente, aventureuse... L'ombre m'étouffe !... Je veux la lumière !... — J'aspire aux grandes choses et surtout aux choses étranges... — Je laisserai loin derrière moi les pâles héroïnes des romans que j'ai lus... — Les hommes, tels que mes livres me les ont fait connaître, m'inspirent une pitié dédaigneuse... — Mon idéal est de les dominer, de les asservir, ce qui sera facile puisque je suis belle, et de me faire de leur crédulité, de leur faiblesse, de leurs vices, des échelons pour atteindre les sommets du monde !... — Vous arrivez à temps, mon maître, car ma patience était à bout... — Montrez-moi les chemins qui conduisent au but, et je les suivrai jusqu'au bout, sans une hésitation, sans une défaillance... — Je suis prête, je suis forte, je suis armée!... — Vous serez content de moi!

Blanche s'arrêta, haletante.

— Tu te crois forte et tu l'es en effet... — dit le borgne en tutoyant sa pupille pour la première fois — mais prends garde...

— A quoi?

— Une pierre d'achoppement peut se rencontrer sur ta route et te faire trébucher.

— Laquelle?

— L'amour...

La jeune fille haussa les épaules.

— L'amour! — répéta-t-elle avec une intonation méprisante. — Il ne sera ni un danger pour moi, ni un obstacle, mais un instrument... — Je l'inspirerai, je ne l'éprouverai pas... — On m'aimera à en mourir... je n'aimerai personne!...

— Es-tu sûre de commander toujours à ton cœur?...

— Mon cœur! — répéta Blanche avec un sourire intraduisible. — Vous qui lisez en moi, vous savez bien que je n'en ai pas!... — Faites un signe et je marcherai!... — Qu'attendez-vous de moi?... que m'offrez-vous?...

— J'attends une obéissance absolue... Je t'offre en échange une couronne de duchesse et des millions...

XV

Blanche tressaillit... — Ses yeux étincelèrent.

— Une couronne de duchesse... — répéta-t-elle — des millions... — Est-ce possible ?

— Tout à l'heure — poursuivit le borgne, — tu parlais d'escalader les sommets du monde... — Tu me disais : — *Montrez-moi le chemin !*... Eh bien ! je te le montre...

— Comment arriver ?

— Par un mariage qui te laissera bientôt veuve, libre et riche...

— Cela semble un rêve !

— C'est la réalité cependant...

— Où m'attend ce mariage ?

— A l'hôtel du duc de Chaslin.

— Que dois-je faire ?

— M'obéir passivement, aveuglément, je le répète...

— J'obéirai.

— Il faudra lutter...

— Je lutterai...

— Il faudra mentir... porter un masque... jouer un rôle...

Blanche sourit.

— Je pourrais être comédienne et prendre place au premier rang... — répliqua-t-elle. — C'est vous qui l'avez dit... — Je sais ce que je vaux et je me sens capable d'abuser les plus clairvoyants... — Quelle sera ma tâche ?

— D'allumer une passion folle dans le cœur d'un vieillard...

Blanche prit à deux mains sa splendide chevelure dénouée et la ramena sur sa poitrine.

— Je n'ai pas vingt ans — dit-elle — et je suis jolie... — Ce sera facile... — Ce vieillard est le duc de Chaslin, sans doute ?

— Oui.

— Il est veuf ?

— Il est marié, mais sera bientôt veuf...

— C'est de sa femme alors que je prendrai la place ?...

— Oui... — La duchesse de Chaslin, atteinte d'une maladie de cœur qui touche à sa dernière période, est condamnée sans appel par les médecins...

— Combien de temps lui reste-t-il à vivre ?

— Quelques semaines... quelques mois au plus...

— Si cela se prolongeait trop, d'ailleurs, on aviserait...

Le sens sinistre de ces derniers mots n'échappa

point à Blanche et la fit frissonner, mais elle réagit vite contre cette émotion purement nerveuse.

— Ensuite ? — demanda-t-elle.

— Il y a deux enfants, un fils et une fille... — A tout prix tu devras gagner leurs sympathies...

— Ils m'aimeront si je veux qu'ils m'aiment, et je le voudrai puisqu'il le faut...

— Ce n'est pas tout... — La fille du duc a un fiancé, le vicomte de Logeryl... — Celui-là peut devenir dangereux car, en sa qualité de substitut du procureur de la République, il doit être défiant sinon clairvoyant...

— Je me charge de lui attacher, comme aux autres, un bandeau sur les yeux... — Où le duc me rencontrera-t-il ?...

— A l'hôtel de Chaslin, où tu vas être demoiselle de compagnie de la duchesse.

Blanche fit un geste de violente répulsion.

— Servante !... — s'écria-t-elle... — jamais !...

— Une résistance, déjà !... — dit le borgne d'un ton menaçant... — Ce n'est pas là ce que tu m'as promis !...

— Mon orgueil se révolte... — Sauf à m'humilier, je suis prête à tout...

— On peut courber la tête, quand on est sûr de la relever bientôt... — Servante aujourd'hui, tu seras demain duchesse et millionnaire...

— Soit !... — reprit la jeune fille après un silence... — Je me soumets... — Est-ce vous qui m'introduisez à l'hôtel du vieux duc?

— Ce n'est pas moi... Tu ne m'as jamais vu... Je n'ai jamais existé pour toi...

— Qui donc alors?

— Que t'importe?

— C'est juste... — Sous quel nom serai-je présentée?...

Pierre tira de sa poche un portefeuille, et choisit dans ce portefeuille des papiers qu'il tendit à Blanche.

— Voici ma réponse... — dit-il. — Regarde...

Blanche jeta les yeux sur les feuilles que lui présentait le borgne.

— Deux actes de décès... — murmura-t-elle. — Un acte de naissance, celui d'Adrienne-Marie, fille légitime du comte Hector de Lasseny et de Lucienne-Aurélie de Pont-Landry...

Après avoir lu, elle regarda le borgne comme pour l'interroger.

— Cet acte de naissance est le tien... — répliqua-t-il. — Mais tu seras connue d'abord sous le nom d'*Adrienne* et rien que sous ce nom...

— Alors, à quoi bon ces papiers?...

— A un moment donné, ils te serviront...

— Ces actes sont faux, n'est-ce pas?

— Ils sont authentiques.

— Suis-je véritablement la fille du comte de Lasseny?

— L'heure n'est pas venue de répondre à cette question... — Personne au monde ne peut te contester ta situation de fille noble et d'orpheline... Cela te suffira pour devenir duchesse...

— Que le comte de Lasseny soit ou ne soit pas mon père, je passerai pour sa fille... On peut m'interroger... Je dois connaître son histoire...

— Elle est bien simple. — Le comte Hector possédant une fort belle fortune, menait à Paris un assez grand train. — Il jouait à la Bourse et faisait courir... — Ruiné brusquement en 1852 par la déconfiture de son banquier, coïncidant avec une baisse imprévue des fonds publics, et tourmenté par ses créanciers, il se réfugia à Londres où sa femme le suivit et où ils vécurent dans une médiocrité voisine de la misère... — Le comte mourut en 1860 laissant sa femme enceinte... — La comtesse mit au monde une fille, Adrienne, et s'éteignit à son tour... — L'enfant fut recueillie par un brave homme, un ami du comte Hector, qui la plaça dans un pensionnat où elle reçut une brillante éducation... — Adrienne atteignait sa dix-septième année quand son protecteur, James Scoot, se brûla la cervelle à la suite de mauvaises affaires. — La jeune fille demeura sans autres ressources que son instruction, et sans autre soutien qu'une vieille Française nommé Geneviève, servante de feu James Scoot. — Elle quitta Londres et vint à Paris, espérant y trouver le moyen de vivre en donnant des leçons ou en obtenant un emploi de demoiselle de compagnie... — Elle vendit les quelques bijoux qui lui venaient de sa mère, loua la maisonnette où nous sommes dont le loyer n'est pas élevé, et se fit inscrire, comme demandant une occupation honorable quelconque, chez M. Malpertuis l'honnête agent d'affaires de la rue de la Victoire... — Tout cela n'est guère compliqué; tu n'aura pas autre chose à dire si on t'interroge; et voici des papiers et des lettres qui, joints aux actes authentiques de décès et de naissance, confirmeront au besoin tes affirmations.

Tu vois que le chemin de la fortune est facile à suivre !... — continua le borgne après avoir remis à Blanche une grande enveloppe remplie de documents divers. — Je veux faire de toi une femme heureuse, une femme enviée : je veux réaliser tes rêves et les miens, mais souviens-toi qu'à la moindre faiblesse, à la première défaillance qui pourraient nous trahir, je te briserais comme on brise un instrument devenu dangereux !...

La jeune fille haussa les épaules.

— Ah ! — répliqua-t-elle — ne craignez rien !... — Je n'aurai ni faiblesse, ni défaillance...

— J'y compte... — dit Pierre en souriant — j'apprécie ce que tu vaux, mais je tenais à t'avertir...

— Maintenant fais-moi le plaisir de signer ceci...

Et le borgne, tirant de son portefeuille inépuisable une feuille de papier timbré parfaitement vierge, l'étala sur une table où se trouvaient un buvard, des plumes et un encrier.

Blanche regarda cette feuille avec une émotion instinctive et une crainte involontaire.

— Signer quoi? — demanda-t-elle ; — il n'y a rien d'écrit...

— Justement... — C'est ta signature en blanc qu'il me faut...

— Qu'en voulez-vous faire?...

— Te lier d'une façon indissoluble à l'exécution des projets que j'ai conçus...

— Qu'écrirez-vous donc au-dessus de mon nom?...

— Ce que bon me semblera...

— Ne puis-je savoir?...

— Absolument rien... — Tu es trop curieuse, ma fille!!

— Cependant...

— En voilà assez!... En voilà trop! — Tais-toi, prends cette plume et signe!!

Ces dernières paroles furent prononcées d'une voix si dure, si impérieuse, que toute velléité de résistance s'évanouit à l'instant dans l'esprit de Blanche.

Elle saisit la plume d'une main fiévreuse.

— Que faut-il écrire? — demanda-t-elle.

— Là, presqu'au bas de la page ces quatre mots :
— *Aprouvé l'écriture ci-dessus :*

De nouveau la jeune fille eut un moment d'hésitation.

Avec les quatre mots qu'il lui ordonnait de tracer, Pierre deviendrait le maître absolu de son avenir, de sa vie... — Désormais elle ne s'appartiendrait plus ; — elle serait une chose à lui, dont il pourrait disposer à sa guise.

Tremblante, presque défaillante, elle tourna ses yeux vers le borgne.

L'expression de menace et de défi empreinte sur le visage de celui-ci, et le feu sombre jaillissant de son œil unique, la terrifièrent.

Elle trempa la plume dans l'encre, et elle écrivit rapidement la formule sacramentelle : — *Approuvé l'écriture ci-dessus.*

— C'est bien... — dit Pierre. — A présent signe...

— De quel nom ?...

— Du tien, parbleu ! !

— Blanche Renée ?...

— Tu ne t'appelles plus ainsi... — Tu t'appelles *Adrienne de Lasseny.* — Il faudra t'en souvenir...

Blanche signa : — *Adrienne de Lasseny...*

— A merveille...

Le borgne laissa sécher l'encre toute fraîche, plia la feuille de papier, la mit dans son portefeuille, se leva, appuya froidement ses lèvres sur le front de la jeune fille, comme il l'avait fait au moment de son arrivée, et se dirigea vers la porte.

Quand il fut près de l'atteindre, il se retourna.
— Au revoir, duchesse de Chaslin... — dit-il.
Et il sortit.

Quand la porte se fut refermée derrière lui Blanche, qui semblait anéantie, se releva d'un bond et une expression de sombre triomphe se peignit sur son visage.

— Il me croit son esclave !... — murmura-t-elle...
— Comme il s'abuse !... — J'obéirai d'abord, parce que seul il peut me conduire au but éblouissant, mais quand viendra le jour et quand sonnera l'heure, si solide et si bien rivée que soit la chaîne, je me charge de la briser !...

Pierre était descendu près de Marguerite.

En quelques minutes il mit cette femme au courant du peu qu'elle devait savoir ; il lui annonça qu'il venait de trouver pour Blanche un emploi de demoiselle de compagnie dans des conditions particulièrement avantageuses, mais il n'ajouta pas un mot qui pût lui faire soupçonner ses projets.

Après cette confidence incomplète il quitta le chalet, gagna la rue de Paris, puis la station voisine de l'église, prit une voiture et se fit conduire au square de La Chapelle.

Il entra par la rue Philippe-de-Girard dans la maison d'où il était sorti une heure auparavant, grimpa l'escalier D, suivit le couloir obscur conduisant à la chambre n° 12 et s'enferma de nouveau dans cette chambre.

Au bout de vint minutes la porte se rouvrit, et au lieu du borgne ce fut César Fossaro qui sortit, avec deux yeux aussi brillants l'un que l'autre, mais dont le gauche semblait frappé d'immobilité.

Nos lecteurs ont compris que le mystérieux associé de Malpertuis se servait de cette chambre pour se transformer avant de se présenter à Blanche, qui ne se doutait point que son protecteur appartenait au high-life parisien et s'attribuait, avec ou sans droit, le titre de baron et le nom de Fossaro.

Un autre fiacre, pris dans la rue de la Chapelle, le ramena rue Provence.

— Comment ! — s'écria Fritz, — voilà monsieur le baron !... — Monsieur le baron veut-il déjeuner ?...

— Non... — Donnez l'ordre à Benedetto d'atteler...

Benedetto était le cocher italien, — son nom l'indique, — et parlait à peine le français.

César se rendit dans le cabinet de travail dont la clef ne le quittait jamais et où se trouvait, derrière une bibliothèque mobile, la porte secrète que nous connaissons.

Il s'enferma, mit en mouvement une sonnerie électrique, fit jouer un ressort, démasqua l'orifice du téléphone et prêta l'oreille.

Au bout d'une seconde, ces mots résonnèrent :

— Je suis seul et les précautions sont prises... — Tu peux venir...

Un instant après la bibliothèque se déplaçait en tournant sur ses gonds ; — le cartonnier en faisait autant, mais en sens inverse, et Fossaro franchissait le seuil du cabinet de l'homme d'affaires.

— Tu as reçu mon petit mot ? — demanda-t-il à Malpertuis.

— Reçu, lu et brûlé.

— Le docteur Frébault n'est pas encore venu?...

— Non.

— Tant mieux...

— Pourquoi, tant mieux?...

— Parce que, m'ayant vu, tu pourras le recevoir quand il se présentera... — Je t'engage même à donner immédiatement la consigne de le faire attendre s'il arrivait par hasard pendant que je suis là...

XVI

Malpertuis sortit de son cabinet pour se conformer au conseil, ou plutôt à l'injonction de César.

— Je réclame le mot de l'énigme... — dit-il en rentrant. — Qu'est-ce que le docteur Frébault viendra faire ici ?

— Te demander une jeune fille capable de remplir l'emploi de demoiselle de compagnie... — répliqua le baron.

— Tu sais bien que je n'en ai pas sous la main.

— Je sais le contraire... Tu en as une, et celle-là réunit justement toutes les conditions requises.

— Où perche cet oiseau rare ?

— Rue Compans.

— Hein ?... — S'écria Malpertuis en regardant son interlocuteur avec une physionomie que l'ahurissement rendait comique.

— Eh bien ! oui, rue Compans, à Belleville... — reprit César.

— Blanche-Renée ?...

— Parfaitement.

— Blanche en condition!... — Blanche, demoiselle de compagnie!...

— Pourquoi non, et qu'y aura-t-il d'étonnant à cela?

— Tu deviens fou, ou tu plaisantes!...

— J'ai toute ma raison et je suis très sérieux...

— Et c'est Antonin Frébault, ce bonhomme à double face, tartufe le jour, coureur de filles et de brelans la nuit, que tu charges de placer Blanche!...

César de Fossaro, souriant, frappa sur l'épaule de son associé.

— En vieillissant, mon bon ami — lui dit-il, — tu deviens très naïf et même un peu bébête... — Qu'as-tu fait de la perspicacité transcendante dont, à bon droit, tu t'enorgueillissais jadis?... — Ne te souviens-tu pas des notes que tu m'as remises relativement à la famille de Chaslin?... — As-tu donc oublié que la duchesse cherche à remplacer sa demoiselle de compagnie, partie pour l'Angleterre depuis quelques semaines?...

Malpertuis passa brusquement de la stupeur à l'admiration.

— Et c'est à l'hôtel de Chaslin que tu veux placer Blanche? — fit-il.

— Après de la duchesse, et par conséquent auprès du duc... — Comprends-tu?

— Oui, pardieu!... et je t'adresse mes compliments sincères!... Tu es très fort!...

— Je le sais bien... — répliqua César avec un nouveau sourire. — Présentement, écoute-moi.. — je vais t'apprendre ce qu'il faudra répondre au docteur quand il viendra...

— Parle... Je suis tout oreilles.

La leçon fut faite à l'agent d'affaires qui prit des notes explicites, et M. de Fossaro rentra chez lui.

Dix minutes après il montait dans son coupé.

— Où va monsieur le baron ? — demanda Benedetto en italien.

— Boulevard Malesherbes, n°... — Laisse filer Dick, je suis pressé...

Dick était bon trotteur.

Au bout d'un temps fabuleusement court la voiture s'arrêtait au numéro indiqué, en face d'une maison de grand style.

César traversa le vestibule sans parler au concierge qui le salua respectueusement au passage, monta au premier étage et appuya sur le bouton de cuivre qui mettait un timbre en mouvement.

Une soubrette à la mine friponne — agaçante et jolie comme disaient nos pères — ouvrit au baron et lui sourit des yeux et des lèvres.

M. de Fossaro ne dédaigna point de lui prendre le menton, quoique ce geste fût bien démodé, et lui dit :

— Bonjour, Juliette... — Votre maîtresse est là?

— Oui, monsieur le baron... — Madame attend monsieur le baron...

— Alors, je puis entrer?...

— Certainement... — Monsieur le baron trouvera madame dans le petit boudoir... — Monsieur le baron connaît le chemin...

— J'irais les yeux fermés...

César s'engagea dans l'appartement.

La soubrette le suivit du regard.

— Il est rudement beau garçon ce baron-là... — pensait-elle. — C'est dommage qu'un de ses yeux ne bouge jamais... — Je voudrais bien savoir si c'est un œil de verre!!

Arrivé au boudoir, après avoir traversé une enfilade de pièces meublées avec plus de luxe que de goût, César souleva la portière et frappa.

— Entrez... — répondit une voix de femme.

M. de Fossaro ouvrit et franchit le seuil.

Geneviève, la maîtresse d'Hector Bégourde, prince de Castel-Vivant, était étendue sur une chaise longue et fumait une cigarette.

Un peignoir du matin, négligemment serré à la taille, accusait nettement ses formes élégantes.

Sa longue chevelure d'un blond vénitien flottait libre sur ses épaules.

— Sois le bienvenu, baron. — dit la jeune femme en tendant la main à César. — Je t'attendais avec impatience... — Je suis curieuse, et ce que tu as à me dire de tout particulier et de très important m'intrigue si fort que j'en ai la fièvre... — Assieds-toi donc bien vite et raconte-moi ta petite affaire...

— Ma chère enfant, je viens te gronder... — répliqua le visiteur.

— Sérieusement?

— Oui, très sérieusement... — Je suis mécontent de toi...

— A quel propos?

— A propos du petit prince et de la manière dont tu te conduis avec lui.

— Mais je me conduis d'une façon exemplaire! — s'écria Geneviève. — C'est à peine si je le trompe...

— Il vaudrait mieux le tromper beaucoup — (sans qu'il s'en doutât, bien entendu) — et ne pas l'agacer comme tu le fais par des scènes continuelles...

— Est-ce ma faute si je suis jalouse?...

— Tu ne peux pas être jalouse, puisque tu n'es pas amoureuse.

— Voilà où tu te mets le doigt dans l'œil, mon bien bon... — La jalousie va très bien sans l'amour... J'en suis la preuve... — J'ai ma petite vanité tout comme une autre... Je sais ce que je vaux et, quoique je me moque d'Hector, au fond, ni plus ni moins que de Colin-Tampon, je ne veux pas qu'il se donne le genre de se ficher de moi, et de courir à droite et à gauche porter des chèques au premier chien coiffé qui lui aura lancé une œillade en passant!... — Or, son idée fixe étant d'y courir, ça m'énerve et je lui fais des scènes... — D'ailleurs ça l'émoustille, ce Totor... — Il ne m'en aime que mieux... — les querelles, ça attache les homme...

— Tu te trompes... — répliqua César. — Le prince trouve que tu commences à tourner au crampon...

— Il te l'a dit?

— Il le dit à qui veut l'entendre.

— Ah! le polichinelle!... — Si ce n'étaient ses millions, comme je l'enverrais promener...

— Et il irait... — fit César en riant.

— Mais — poursuivit Geneviève — il y a les millions...

— Agis donc assez sagement pour ne pas éloigner le prince, qui t'oublierait vite et mettrait à la disposition d'une ou de plusieurs de tes rivales les millions dont tu parles...

La jeune femme bondit sur ses pieds et son visage se décomposa.

— Tu as dit : mes rivales!... — s'écria-t-elle; — j'en ai donc, positivement?

— Parbleu!... Tu as pour rivales, sinon de fait du moins d'intention, toutes les femmes du monde où tu vis et de plusieurs autres... — Les millions attirent les filles comme le miroir attire les allouettes, et les petits princes millionnaires ne peuvent pas plus se passer de maîtresses que de chevaux... — Après toi une autre... dix autres... cent autres...

— Eh! bien, qu'Hector me lâche en me donnant cinquante mille livres de rentes...

— Tu te contenterais de cette misère, quand tu peux tout avoir ?...

— Tout ? — répéta Geneviève en regardant César avec stupeur.

— Absolument tout... — appuya M. de Fossaro.

— Explique-toi... — Comment Hector me donnerait-il cette énorme fortune ?

— Par testament...

Geneviève tressaillit et répliqua :

— C'est fort invraisemblable, puisque tu dis qu'il se détache de moi... — D'ailleurs on n'hérite que des morts, et tu sais que le prince est aussi jeune que moi...

— Ecoute-moi bien — reprit le baron — et tâche de comprendre à demi-mot... — Au début de votre liaison Hector a été amoureux... très amoureux...

— Tu n'avais pas inauguré la période orageuse de ton règne... Il ne te traitait point de crampon...

La jeune femme fit la moue.

César de Fossaro continua :

— A cette époque Hector a écrit un testament...

— Tu crois ?...

— J'en suis certain... et je sais aussi que ce testament est tout en ta faveur...

Un mirage d'or passa devant les yeux éblouis de Geneviève.

— Qui te fait supposer cela ? — murmura-t-elle.

— La logique. — Le prince est absolument sans famille et n'a pas d'amis très intimes, donc l'idée n'a pu lui venir de disposer de sa fortune autrement que pour enrichir la femme aimée... Or, la femme aimée, dans ce moment-là, c'était toi...

— D'accord ; mais puisque ce n'est plus moi, il déchirera le testament...

— C'est probable, c'est même certain, et il le refera au profit d'une autre...

Geneviève fronça ses noirs sourcils et crispa ses doigts étincelants de bagues.

— Si tu m'indiques le mal, — reprit-elle au bout d'une seconde, — comme tu n'es pas homme à perdre tes paroles, c'est qu'il y a un remède.

— Il y en a un...

— Lequel ?...

— Redeviens facile et charmante avec Hector ainsi qu'aux premiers beaux soirs de vos amours. — Laisse le même un peu marivauder en contrebande s'il en a fantaisie, sans paraître t'en apercevoir... — Il s'endormira dans les délices de cette Capoue retrouvée, et ne déchirera rien, n'ayant à formuler aucune disposition nouvelle...

— Soit ! — Mais cela pourra-t-il durer toujours ainsi ?...

— Non certes !... — Seulement il est inutile que cela dure toujours, et j'en arrive au but de ma visite : — Si je t'apportais la preuve que tu es légataire universelle, et si je provoquais l'ouverture de la succession, que ferais-tu ?...

Geneviève devint un peu pâle.

10.

— Provoquer l'ouverture de la succession... — dit-elle ; — Cela ne sera possible qu'après la mort du prince...

— Sans doute...

— Tu me fais peur... — Que médites-tu donc ?...

— Rien qui ne soit correct... — le hasard peut abréger la vie d'Hector...

— Et tu commandes au hasard ?...

— Quelquefois...

Geneviève cacha son visage entre ses mains.

— Un crime... — balbutia-t-elle — Encore un !..

César haussa les épaules.

— Pourquoi ce mélodrame, ma chère ? — demanda-il d'un ton moqueur. — Qui te parle de crime?... Est-on coupable ou responsable d'un accident fortuit?... — Jamais de la vie !... — Ne nous égarons pas... — Le jour où tu te réveillerais douze fois millionnaire, quelle serait ma part d'héritage ?

— Ta part, — répondit Geneviève, — ta part serait l'héritage tout entier, si tu voulais me faire baronne de Fossaro... — Le voudrais-tu ?...

— J'y avais pensé déjà... — j'attendais... j'espérais cet élan de ton cœur... — Tu as mon consentement... — Tu seras baronne...

La phrase que nous venons de reproduire fut dite d'un ton indéfinissable, moitié sérieux, moitié railleur.

Après un court silence le baron ajouta :

— Donc j'accepterai ta jolie menotte pleine de

millions ; mais un roi de France n'a-t-il pas écrit jadis avec un diamant, sur une vitre de Chenonceaux, ces deux vers :

> Souvent femme varie,
> Bien fol est qui s'y fie !

— Tu me connais, César... — commença Geneviève. — Tu sais bien...

— Je sais bien — interrompit M. de Fossaro, — que tu es de celles qui changent !... — Ton esprit, ma mignonne, est fantasque et plein de caprices...

— Ajoute à cela dame Fortune qui te fera tourner la tête, et je te crois capable d'oublier le mieux du monde celui qui te l'aura donnée... — Au temps où nous vivons, l'ingratitude est fort bien portée...

— Je te jure...

— A quoi bon ?... — Serment de femme... — je n'y croirais pas...

— Indique-moi donc alors le moyen de te convaincre.

— De quelle transaction s'agit-il entre nous, ma belle ?...

— D'un mariage...

— Oui, mais ce mariage est une affaire, ou plutôt un marché... — Je te vends un héritage de douze millions qui t'échapperait sans moi...

— Veux-tu que je t'écrive la promesse de devenir ta femme ? — demanda Geneviève en riant.

— Je veux, en effet, que tu écrives une promesse, mais pas celle-là...

En disant ce qui précède César — (comme il l'avait fait chez Blanche-Renée, dans le chalet de la rue Compans) — tira de sa poche son portefeuille et y prit une feuille de papier timbré qu'il étala sur un guéridon de laque rouge.

— Du papier timbré!! — s'écria Geneviève, en simulant une indignation comique : — fi ! quelle horreur... — Cache ça bien vite!! — Rien que la vue de cette paperasse me porte sur les nerfs!!,..

XVII

— Calme tes nerfs, — répliqua César ; — prends une plume et écris.,..

— Quoi ? — demanda la maîtresse d'Hector.

— Ce que te dicterai.

— Une délégation, sans doute, de cinq ou six millions, à palper chez le notaire du prince de Castel-Vivant, le jour où je serai mise en possession de l'héritage ?

— Mes compliments, chère belle ! — dit le baron avec un sourire ; — tu es perspicace comme un vieil avoué !...

— Ce n'est pas étonnant : j'ai fait mon droit rue des Ecoles avec un étudiant de septième année...
— Crois-tu sérieusement que je sois assez sotte pour écrire ça ?...

— Je te crois assez intelligente pour ne pas me marchander ma part de la fortune qui t'échapperait sans moi, et je veux une garantie pour le cas où l'idée de devenir baronne de Fossaro aurait cessé de te plaire...

— J'ai promis, je tiendrai ; mais contente-toi de ma parole car je ne signerai rien...

— Crois-tu ?

— J'en suis sûre...

— Nous allons causer, alors !...

— A quoi bon ?... — Ce que tu peux me dire, je le sais aussi bien que toi...

— Tu l'entendras de nouveau quand même... et d'ailleurs tu ne sais pas tout... — Il y a trois ans, ma pauvre fille, qu'étais-tu ?

— Femme de chambre, par occasion, dans un pensionnat de Courbevoie, après avoir été blanchisseuse au quartier Latin... — C'est de l'histoire ancienne !...

— Tu t'appelais alors Fanny Vernaut...

— Comme tu te nommais, toi, Pierre Rédon...

— Tout en repassant les chemises des élèves de l'établissement, tu rêvais le luxe, les mobiliers chics, les chevaux à cocardes, les voitures, et tout ce qui s'en suit...

— Il me semble que mon rêve s'est réalisé...

— Grâce à qui ?

— Mais grâce à ma beauté, mon cher... Je crois qu'avec des yeux, des dents et des cheveux comme les miens — (sans compter tout le reste) — on est sûre d'arriver un jour ou l'autre...

César haussa les épaules.

— Tu es jolie, parbleu !... — répliqua-t-il. — Mais ton joli visage t'aurait menée tout droit à l'hôpital, si le hasard ou plutôt ton heureuse chance ne m'avait fait placer au pensionnat de Courbevoie une jeune fille à moi confiée par son père, un homme riche... — Tu me plus... — Je trouvai moyen de te le dire... — Tu n'étais pas cruelle, et tu mis à profit tes jours de sortie pour venir me voir à Bois-Colombes, dans une bicoque louée tout exprès...

» Un jour tu n'annonças une grossesse dont j'étais l'auteur, disais-tu...

» A ce moment précis on réclamait la jeune fille qui m'avait été confiée ; — je partis avec elle pour la reconduire dans sa famille, et je passai plusieurs mois hors de France...

— Tu m'abandonnais froidement et tu me laissais sans nouvelles ! —s'écria Geneviève.

— Que veux-tu? mon départ était indispensable, et je craignais de te compromettre en t'écrivant...

» Dès mon retour je songeai à toi et à l'enfant qui avait dû naître...

» J'allai te demander au pensionnat de Courbevoie.

» Là on m'apprit que tu avais disparu un beau matin ou un beau soir, et qu'on ignorait ce que tu étais devenue...

» Trois mois après, te rencontrant dans un bal public où ta danse excentrique obtenait un brillant succès, je t'emmenai pour t'interroger au sujet des choses qu'il m'importait de connaître.

» Tu voulais mentir... — Je n'insistai pas, mais, connaissant ton faible, je t'offris à souper... Le vin de champagne te délia la langue, et je t'arrachai ta confession lambeau par lambeau...

« Après avoir caché ta grossesse, tu avais mis secrètement au monde un enfant plein de vie, et tu l'avais étranglé bel et bien pour enterrer ensuite son cadavre au pied d'un arbre dans le jardin du pensionnat...

Geneviève se leva d'un bond et, se posant en face de César, la tête haute, les bras croisés sur la poitrine, elle lui cria d'un ton d'inexprimable rage :

— Pourquoi me rappelles-tu ces choses ? — Qu'a de commun le souvenir de mon crime avec l'héritage du prince de Castel-Vivant ?

— Laisse-moi continuer... — dit César — Je n'avais point mission de punir et je suis d'un naturel indulgent... — Je venais d'entrer en possession d'une assez belle fortune et de reprendre le nom de Fossaro qui m'appartient... — Je te débaptisai... — De *Fanny Vernaut* je fis *Geneviève Leinen* ; je te lançai dans le monde galant, et c'est grâce à moi, tu le sais bien, que tu devins la maîtresse d'Hector...

— Et après ? — demanda Geneviève.

— Voilà tout... j'ai fini...

— La conclusion ? — Pourquoi ressusciter un passé mort et bien mort ?...

— Pour te rappeler que tu me dois la fortune... .
— Je ne le nie pas et j'en suis reconnaissante...
— Prouve-le donc en prenant une plume et en confectionnant l'autographe demandé...
— Tout ce que tu voudras, excepté cela... — Je n'écrirai pas...

César sourit.

— A ton aise... — fit-il, puis, se levant à son tour, il alla s'adosser à la cheminée, et du ton le plus naturel demanda :
— Lis-tu les journaux ?

Geneviève, un peu surprise, répondit :
— Les journaux de modes, souvent...
— Pas d'autres ?
— Les journaux de théâtre, quelquefois...
— Le *Gaulois* ?
— Jamais, depuis qu'un chroniqueur, à propos du prince Totor, a parlé de ma petite personne en des termes qui m'ont déplu... — Je garde rancune au journal...
— Tu as tort.
— Pourquoi donc ?...
— Sa lecture assidue t'aurait appris certaine chose que ton intérêt est de connaître...
— Laquelle ?...

César de Fossaro tira de sa poche le numéro du *Gaulois* dont il avait eu soin de se munir avant de quitter son hôtel.

Il le déplia lentement, mit son binocle sur son nez, et dit :

— Ecoute la lecture de cette *information*... — Je dois te prévenir qu'elle a déjà huit jours de date... Le reporter lui a donné ce titre : *le Mystère de Courbevoie.*

Geneviève devint pâle sous la couche de veloutine qui couvrait ses joues, et frissonna de la tête aux pieds.

Le baron, sans paraître s'en apercevoir, lut tout haut :

« L'honnête population de Courbevoie est fort
» émue par suite d'une trouvaille sinistre qui vient
» d'avoir lieu.

» Il y a deux jours le jardinier d'un pensionnat
» de jeune filles, dont nous nous abstiendrons de
» donner l'adresse pour des motifs de haute conve-
» nance, s'occupait à déraciner un vieil arbre. Il a
» mis à découvert, au pied de cette arbre, le sque-
» lette d'un petit enfant... — De l'enquête immé-
» diatement commencée par le parquet, sous
» l'habile direction de M. de Logeryl, substitut du
» procureur de la République, il résulte que les os-
» sements devaient se trouver là depuis deux
» années.

» Des charges très graves pèsent sur une fille qui,
» à cette époque, faisait partie du personnel de l'é-
» tablissement en qualité de femme de chambre.

» Cette fille, nommé Fanny Vernaut, est active-

» ment recherchée par la police. — Si elle se
» trouve à Paris, ou même en France, elle ne sau-
» rait échapper longtemps aux fins limiers de la
» préfecture. »

Geneviève avait écouté avec une stupeur facile à comprendre la lecture de ces lignes.

Effarée, les yeux agrandis par l'épouvante, elle s'approcha de M. de Fossaro et balbutia :

— Il y a cela?... vrai?

En même temps elle se penchait vers le journal que César tenait toujours ouvert.

— Lis toi-même... — dit-il en désignant du doigt l'article.

La jeune femme saisit le numéro du *Gaulois* et lut, ou plutôt épela, *l'information* terrible.

Quand elle eut achevé, ses dents claquaient et la sueur de l'angoisse perlait en goutelettes sur ses tempes.

Elle bégaya :

— On m'accuse... On me cherche... On me trouvera... Je suis perdue !...

César replia son journal, le remit dans sa poche et dit :

— N'est-il pas singulier, ma fille, qu'au bout de deux ans les débris de l'enfant étranglé sortent de la tombe inconnue qui les recélait et crient vengence contre la mère infâme ! ! !

— Tais-toi ! tais-toi ! — fit Geneviève en voulant

appuyer sa main sur la bouche moqueuse du baron.

Celui-ci prit cette main, l'effleura de ses lèvres de façon très galante, et poursuivit :

— Tu sais quel est le fâcheux destin de la mère infanticide, quand le jury est de mauvaise humeur ?... On lui coupe le cou tout bonnement, à la pauvre femme...

— Mais tais-toi donc !... — répéta Geneviève d'une voix éteinte. — Ne vois-tu pas que je deviens folle !... — Après deux années... quand je ne pensais plus à rien... C'est horrible !... — Il me semble que je sens le couteau de la guillotine sur ma nuque... — Pourquoi est-ce moi qu'on soupçonne ?... Tu connais seul mon crime !... — Qui donc m'accuse ?

— Qui t'accuse ?... — répondit César, — Ce n'est pas *quelqu'un*, ce sont les faits... La manière dont tu as quitté le pensionnat suffirait, faute d'autres indices, à créer contre toi une présomption écrasante.

— Alors, encore une fois, je suis perdue ?...

— Si on te trouve, c'est positif.

— On finira par me trouver... le journal le disait...

La jeune femme baissa la tête, et pendant quelques secondes s'absorba dans des réflexions de la nature la plus désolante.

Elle pleurait.

Soudain, à travers les larmes, un éclair jaillit de ses yeux.

— Mais, j'y songe — s'écria-t-elle tout à coup — c'est Fanny Vernaut que cherche la police...

— Sans doute... — fit le baron d'un air indifférent.

— Et je m'appelle aujourd'hui Geneviève Leinen... — il me semble que ce nom, choisi par toi, doit me mettre à l'abri.

— De quelle façon prouverais-tu que tu es bien réellement Geneviève Leinen, et non Fanny Vernaut?...

— Tu possèdes, m'as-tu dit, des papiers qui rendraient indiscutable cette identité...

— C'est vrai... — En t'appuyant sur eux tu pourrais soutenir, en dépit de toute accusation, de toute confrontation, que tu es bien Geneviève... et Marguerite Leinen, ta mère, serait là pour l'attester... — Que peut-on articuler contre toi? — Rien, sinon que tu ressembles vaguement à Fanny... — Une ressemblance n'est pas une preuve...

— Ah! je respire!... — murmura la maîtresse d'Hector. — Puisque mon salut dépend de toi, je suis sauvée...

— Comment?

— Tu me donneras ces papiers...

— N'y compte pas, ma chère...

— Quoi!... si tu me voyais arrêtée, emprisonnée, tu refuserais de me venir en aide?...

— Parfaitement !...

— Tu es donc mon ennemi... mon ennemi mortel ?...

— Je suis ton ami ; mais, en ce monde, chacun pour soi !... — Tu m'as refusé tout à l'heure ce que je te demandais, je te refuse ce que tu me demandes... — Point de signature, point de papiers !...

— Mais, c'est du chantage !

— Pas le moins du monde... C'est du commerce... — Seulement, ma confiance étant limitée, je ne traite qu'au comptant... — Sommes-nous d'accord ?...

— Il le faut bien ! — Tu veux partager avec moi la fortune du prince si je suis son héritière ?...

— Oui.

— Eh bien, je la partagerai avec toi... — Il te faut un engagement écrit et signé ?... — Je l'écrirai... je le signerai... Mais que Fanny Vernaut ait disparu pour toujours...

— Prends la plume, dans ce cas...

— Tu me donneras les papiers ?

— C'est une des clauses de notre marché...

— Quand me les donneras-tu ?

— Aussitôt qu'ils pourront te devenir utiles...

— Pourquoi pas tout de suite ?

— Parce qu'en ce moment tu n'en as pas besoin.

— Mais...

— Oh ! trêve de discussion ! — interrompit César. — C'est à prendre ou à laisser...

— Si tu me trompais, cependant...
— La teneur même de l'engagement que tu vas souscrire te garantira ma bonne foi...
— Ces papiers dont tu parles, quels sont-ils?
— Un acte de naissance d'abord... l'acte de naissance de Geneviève Leinen, inscrite aux registres de l'état civil, et morte sans que son décès ait été déclaré...
— Un crime, alors?
— Une mère coupable, oui...
— Et cette mère attesterait au besoin que je suis sa fille?...
— Elle l'attesterait... et personne au monde ne pourrait démentir Marguerite Leinen... ta mère...

XVIII

—Mais — reprit la jeune femme — on sait que Fanny Vernaut existe.

— Que t'importe cela, si tu es en mesure de prouver que tu n'est pas Fanny Vernaut?...

Geneviève s'assit devant le guéridon sur lequel César avait placé la feuille de papier timbré, et prit une plume.

— Que faut-il que j'écrive ? — demanda-t-elle.
— Ceci...

Et le baron dicta :

— « Moi, Geneviève Leinen, fille naturelle de
» Marguerite Leinen et de père inconnu, née à Paris
» le 27 mai 1854, reconnais devoir la somme de six
» millions au baron César-Annibal de Fossaro, et
» l'autorise à toucher cette somme chez Mᵉ Emile
» Pinguet, notaire à Paris. Ces six millions devront
» être prélevés sur la totalité de l'héritage que, par
» son testament, me lègue M. Hector Bégourde,
» prince de Castel-Vivant.

« Fait à Paris, le...... »

— Laisse la date en blanc... — ajouta César.— Nous la remplirons plus tard, quand la succession sera ouverte... Maintenant signe : *Geneviève Leinen*.

Geneviève obéit.

— Es-tu content ? — demanda-t-elle.

— Oui, — répondit le baron en serrant le papier dans son portefeuille, après avoir relu ce que la jeune femme venait d'écrire ; — Tu es assez intelligente pour comprendre que cet acte ainsi conçu m'oblige, dans mon propre intérêt, à te mettre à l'abri de tout péril !... — Tu seras riche pour que je le sois !... — Souviens-toi maintenant qu'il s'agit de reprendre ton empire sur Hector afin qu'il n'ait point la pensée de détruire son testament... — Donc, trêve aux scènes de jalousie... — Laisse le petit prince passer en paix le peu de temps qui lui reste à vivre et, si tu lui voyais quelque caprice en tête, ferme les yeux et préviens-moi.

— C'est entendu.

— Je vais tout de ce pas rue François Ier... — J'avertirai notre jeune ami que je t'ai sermonnée vigoureusement... — J'ajouterai que tu l'adores, et que pour lui désormais tu seras tout sucre et tout miel...

César échangea avec Geneviève une poignée de main qui n'était bien cordiale ni d'un côté ni de l'autre, regagna son coupé et donna l'ordre à Benedetto de le conduire à l'hôtel du prince de Castel-Vivant.

Nous l'y précéderons, et nous introduirons nos lecteurs dans le cabinet de travail attenant à la chambre à coucher d'Hector.

Cette pièce, très vaste et qu'éclairaient deux hautes fenêtres, renfermait nombre de merveilles artistiques mais effarouchait l'œil par ce luxe un peu trop tapageur qu'adorait Hector en sa qualité d'ex-coloriste.

Il était près de midi.

Le petit prince, vêtu d'un complet de flanelle blanche à liserés roses, achevait de dépouiller la volumineuse correspondance que chaque matin son valet de chambre posait sur le bureau.

On savait Hector énormément riche, et de tous côtés les faiseurs d'affaires, les inventeurs et les exploiteurs s'adressaient à lui.

Ceux-ci demandaient des fonds pour mettre en valeur des mines de haute fantaisie qui devaient, à les en croire, rapporter en peu de temps vingt capitaux pour un.

Ceux-là rêvaient de créer d'immenses compagnies d'assurances, ou bien de fonder des journaux monstres dont le moindre tirage serait d'un million d'exemplaires ; — d'autres proposaient la création de banques populaires gigantesques, se réservant, bien entendu, de les diriger, etc..., etc...

Puis venaient les appels à la bienfaisance du prince.

. Ils étaient nombreux et se produisaient sous les formes les plus dissemblables.

Beaucoup sollicitaient de modestes sommes qui variaient d'un louis à cent francs, pour subsister. — Quelques-uns réclamaient cent mille francs afin de sauver l'honneur commercial d'un industriel menacé de la faillite.

Le plus grand nombre faisaient un tableau navrant de misères qui n'existaient que dans leur imagination.

Venaient ensuite les lettres féminines, reconnaissables aux pattes de mouche de leurs suscriptions et aux senteurs d'opoponax, d'ylang-ylang ou de bouquet du Jockey-club, qu'elles exhalaient. — Bon nombre de filles écrivaient carrément l'équivalent de cette phrase : — *Je suis très belle, achetez-moi...*

D'autres disaient exactement la même chose en y mettant des formes un peu plus délicates.

Les déclarations d'amour et les demandes de rendez-vous abondaient.

Les proxénètes enfin offraient au jeune sultan de la rue François Ier des *vierges* garanties sur facture.

Au début de son opulence, Hector s'était laissé prendre de temps à autre à des propositions de ce genre, sans avoir lieu de s'en applaudir beaucoup.

Maintenant il se contentait de sourire et de jeter au panier les lettres de ces dames.

Depuis qu'une énorme fortune lui permettait de satisfaire toutes ses fantaisies, tous ses caprices, il avait eu de nombreuses maîtresses dont le règne éphémère durait au plus quelques semaines.

Geneviève Leinen, par exception, gardait depuis six mois son empire sur le cœur du prince Totor.

Nous savons d'ailleurs que cet empire, déjà bien amoindri, ne tenait désormais qu'à un fil.

Si Sta-Pi retrouvait la trace de la blonde inconnue rencontrée par Hector au théâtre de la Porte-Saint-Martin, l'influence de Geneviève s'évanouirait instantanément, entraînant dans sa chute les projets du baron César de Fossaro.

Sta-Pi trouverait-il ?

En attendant la solution de cette énigme, le ci-devant Bégourde conservait sa maîtresse qu'il traitait volontiers de crampon, mais dont la beauté piquante et l'élégance indiscutable flattaient sa vanité.

Au moment où nous rejoignons Hector, le dépouillement du courrier touchait à sa fin.

En quelques minutes il fut achevé.

Le prince alors se leva, prit trois lettres d'affaires qu'il avait mises de côté, tira de sa poche un trousseau de clefs mignonnes et, s'approchant d'un petit meuble florentin d'ébène incrusté d'ivoire gravé, ouvrit le tiroir du haut.

Ce tiroir renfermait des papiers posés les uns sur les autres ou réunis en liasses, et des *chemises* de papier grisâtre renfermant des comptes, des factures, des notes de toute sorte, etc.

Hector plaça les trois lettres dans une *chemise* portant en gros caractères cette indication : Maitre Pinguet, *notaire, 18 rue des Pyramides.*

Une large enveloppe, non cachetée, s'en échappa et tomba sur le tapis.

Sur cette enveloppe, on lisait ces quatre mots :

« ceci est mon testament. »

Le prince la ramassa et, la gardant à la main, revint s'asseoir à côté de son bureau, après avoir replacé la chemise dans le tiroir qu'il laissa ouvert.

— Parole d'honneur, — se dit-il en jetant les yeux sur l'enveloppe, — c'est monumental comme je suis devenu rangé, sérieux et pratique !... Quel relief, mes petits enfants ! — Du diable si, quand je m'appelais Hector Bégourde tout court, j'aurais classé mes papiers, mes lettres, mes factures, et songé surtout à écrire mes dispositions dernières...

Après un silence, Hector ajouta :

— Il est vrai qu'à cette époque, la *dèche* étant mon état normal, je n'aurais eu que des dettes à partager entre mes amis... — ils l'auraient même trouvée mauvaise !... — Aujourd'hui que je suis prince, et que j'ai de l'argent à n'en savoir que faire, j'ai de l'ordre comme un boutiquier et je rédige des testaments... — Ça m'amuse !... — Depuis quatre ans, c'est le sixième... — Cora, Caro, Léonide, Blanche et Nanine, ont été l'une après l'autre mes légataires universelles... — Que de papier timbré perdu!... — Aujourd'hui c'est le tour de Geneviève... — Demain, peut-être, viendra celui de la blonde enfant dont Sta-Pi cherche la piste et qui répond au doux nom de Lucile... — Ce sera mon septième testament... le dernier sans doute, car il me semble que j'aimerai celle-là autrement et plus que les autres... — Enfin, nous verrons bien!... que Sta-Pi la trouve d'abord!...

Hector en était là de son monologue.

Un coup de timbre retentissant dans la cour de de l'hôtel annonça l'arrivée d'un visiteur.

Le prince quitta son fauteuil, remit l'enveloppe dans le tiroir qu'il repoussa ; puis, sans prendre le temps d'en enlever les clefs, se retourna pour répondre à son valet de chambre qui franchissait le seuil et, présentant une carte sur un plateau d'argent, demandait :

— Monsieur le prince reçoit-il ?

L'ex-Bégourde jeta les yeux sur cette carte.

— Le baron de Fossaro! — s'écria-t-il — oui, pardieu, je reçois!... — faites entrer...

— Me voici... me voici, cher prince... — dit César en se montrant. — Certain d'avance de votre bon accueil j'ai suivi le valet de chambre...

— Baron de mon cœur, vous êtes un ange!.., — Vous déjeunerez avec moi, hein ?

— J'y compte bien... — je suis venu tout exprès pour cela, et j'ai un appétit d'enfer...

— Honoré, deux couverts, et qu'on serve dans un quart d'heure. — Dites au sommelier de monter le Château-d'Yquem 1858 que M. le baron préfère...

Le valet se retira.

— Cher prince, j'arrive du boulevard Malesherbes... — reprit César.

— De chez Geneviève?

— Mon Dieu, oui... — je quitte à l'instant la chère mignonne... je l'ai laissée dans les larmes...

— Dans les larmes ! — s'écria Hector ; — et à quel propos?

— A propos d'une semonce vigoureuse que je me suis permis de lui adresser à votre sujet... — Témoin de la scène de cette nuit, j'ai fait comprendre à l'aimable enfant que ses querelles incessantes ne pouvaient que vous énerver outre mesure, et qu'elle finirait par se rendre insupportable...

— Bravo, baron !... — Vous n'avez jamais rien affirmé de si vrai !... — Geneviève a dû bondir et s'emporter...

— C'est ce qui vous trompe... — Le fond, chez elle, est excellent... — Elle m'a répondu avec beaucoup de douceur et d'humilité qu'elle reconnaissait ses torts, mais qu'il y avait lieu de plaider les circonstances atténuantes, le violent amour qu'elle ressent pour vous étant l'unique cause de sa jalousie...

Hector fit la roue.

— Comment ! — s'écria-t-il avec une satisfaction manifeste — il m'aime tant que ça, ce pauvre bébé?...

— Ce pauvre bébé vous adore, littéralement...
— Et sa passion le rend bien malheureux...
— Ah bah! et pourquoi donc ça?...
— Il lui semble que vous vous refroidissez...
— Il croit remarquer en vous des moments d'indifférence et des velléités d'inconstance...

— Eh ! sapristi, cher baron — répliqua le prince en riant — je ne suis point marié, que je sache, non plus que chevalier de Malte, et je n'ai pas fait vœu d'être chaste et fidèle...

— Vous voyez que Geneviève a grandement le droit d'être un peu jalouse... — fit César en riant aussi.

— Je ne dis pas cela.
— Mais vous n'oseriez jurer le contraire?... — Profitez de la vie et de votre jeunesse, cher prince, vous avez cent fois raison... — Folâtrez, papillonnez, cascadez, je vous approuve fort... — Seulement, ménagez un peu Geneviève... — C'est une belle et brave fille... — Elle est folle de vous, et je mettrais ma main à couper que pour un million elle ne vous tromperait pas...

— Pour un million? — s'écria Hector radieux.
— Vous croyez?...
— J'en suis sûr...
— Mais c'est très beau, cela, baron!...

— C'est-à-dire que c'est admirable!... — Savez-vous ce que faisait Geneviève, ce matin, quand je suis entré dans son boudoir?...

— Je ne m'en doute pas...

— Devinez...

— Elle regardait peut-être les diamants qui lui viennent de moi... — Est-ce ça?

— Non... — Elle tenait dans ses blanches mains votre photographie... — Elle la couvrait de baisers de feu et elle pleurait en la regardant...

— De vraies larmes?

— Grosses comme des perles...

— Pauvre bébé!... je lui en achèterai un collier... de perles, pas de larmes...

— Vous lui devez bien ça! — Ses soupirs et ses pleurs m'ont fourni naturellement une entrée en matière... et vous connaissez la conclusion de l'entretien... — Geneviève, désormais, n'aura pour vous que des sourires, même quand son cœur, qui est tout à vous, souffrira de votre inconstance...

— Savez-vous bien, baron, que vous m'attendrissez!...

— Le contraire m'étonnerait... — J'ai été attendri moi-même, quoique assez peu sentimental de mon naturel, et j'ai senti mes paupières devenir humides...

— Voyez, baron, les miennes se mouillent... — Je suis content de savoir ce que vous venez de me dire et, entre nous, ça arrive bigrement à propos.

— Pourquoi donc ?

— Parce que, tout en reconnaissant que Geneviève est une maîtresse d'un galbe épatant, je la trouvais si insupportable qu'une rupture était imminente...

— Bah! vous auriez rompu?...

— En gentilhomme, oui baron, je vous prie de le croire... — La lettre de rupture aurait contenu un chèque d'un chiffre sérieux...

XIX

M. de Fossaro prit une physionomie mélancolique et répondit :

— Je sais à merveille que vous auriez grandement fait les choses, mais le chèque en question, si gros qu'en fût le chiffre, n'aurait point consolé la pauvre fille... — Elle ne calcule rien... — Son désintéressement est sans bornes... — C'est vous qu'elle aime et non votre fortune...

— Elle dépense cependant pas mal... — interrompit Hector en souriant.

— Parce que, vous sachant très riche, elle veut vous faire honneur... — poursuivit César... — Mais cette prodigalité ne la rend point heureuse... — Elle me disait encore tout à l'heure qu'elle souhaiterait vous voir sans le sou.

— Grand merci ! — répliqua le petit prince ; — j'ai connu la débine et je vous garantis que ce n'est pas drôle !

— Cela donnerait à Geneviève le moyen de vous

prouver sa tendresse... Elle est capable pour vous de tous les dévouements.

Hector fit la roue derechef.

— Ah! ça, mais c'est donc une passion, positivement? — demanda-t-il.

— Une passion vraie, mon ami... — l'amour de Marion Delorme pour Didier... — Si vous quittiez Geneviève, elle en deviendrait folle... si vous mouriez, elle ne vous survivrait pas...

— Ta-ra-ta-ta... — s'écria l'ex-Bégourde — C'est du roman, tout ça... Si je mourais à l'heure qu'il est, je vous affirme que Geneviève ne songerait pas le moins du monde à me suivre dans le tombeau...

— Pourquoi supposez-vous cela!

— Ceci, baron, c'est mon secret... — Seulement, croyez le bien, je connais les femmes, les ayant pratiquées pas mal!.... — Si corsé que soit le béguin dont ce pauvre bébé m'honore, son gros chagrin ne serait point mortel... — Elle porterait mon deuil; elle aurait des suffocations, des averses de larmes et des crises de nerfs, mais ne songerait point à mourir... On se console vite à vingt-cinq ans, mon très bon, quand on se réveille, un matin, énormément millionnaire...

Fossaro pensa :

— Je ne me trompais pas... — il a fait un testament en faveur de Geneviève... — Si je pouvais le ire!...

En même temps son regard se fixait sur le meuble d'ébène placée entre les deux fenêtres.

Le trousseau de clefs, oublié par Hector, pendait à la serrure du tiroir supérieur.

— Impossible de prendre l'emprente en ce moment... — se dit César.

Le valet de chambre vint annoncer que le déjeuner était servi.

— A table, baron!... — fit Hector.

M. de Fossaro jeta un dernier coup d'œil au meuble, et suivit le prince qui ne songea même pas à retirer les clefs.

Les deux hommes s'attablèrent en face d'un déjeuner de gourmets.

Ils avaient aussi faim l'un que l'autre, aussi la conversation se borna d'abord à quelques phrases décousues.

Quand la première fougue de l'appétit fut satisfaite, Hector demanda :

— Viendrez-vous au tir avec moi en sortant de table, baron ?

— Impossible.

— Pourquoi?

— J'ai une visite à faire au comte de Vergis, qu'on ne trouve chez lui que vers deux heures...

— Tiens ! vous connaissez le comte ?...

— Beaucoup...

— Le voyez-vous souvent?...

— Non... — Le sérieux de ses allures et la gravité

de son esprit m'attirent médiocrement, mais je suis assidu chez la comtesse, qui est charmante et très entourée...

— Ah! oui, — fit vivement Hector, — jolie... piquante... adorable, la petite comtesse!... Ses yeux, un rêve!... Son corsage, un poème!... — Et du galbe!... et du chic! épatante, parole d'honneur!...

— Bref, madame de Vergis vous plaît?...

— Enormément, mais je ne me hasarderais pas à le lui dire...

— La croyez-vous donc inabordable?...

— Tout le monde en est convaincu...

— Partagez-vous l'opinion générale?...

— Mon Dieu! pas tout à fait... — Il y a du pour et du contre... — La comtesse a vingt-trois ans, son mari est du mauvais côté de la soixantaine ; elle passe sa vie dans un milieu mondain et même un peu léger... — J'ai cru remarquer, en outre, qu'elle avait des regards fort doux pour le vicomte de Chazay... — Ça ne prouve rien, je le sais, mais cependant...

Hector s'interrompit.

— Cependant? — répéta César.

— Ça laisse un peu rêveur... — acheva le prince — Etes-vous de mon avis?

— Tout à fait... — répondit le baron enchanté du renseignement qu'il venait d'obtenir. Si vague que fût ce renseignement, Malpertuis ne manquerait pas d'en faire son profit.

Peut-être y avait-il là un point de départ.

On apporta le café et les cigares, et la conversation continua, mais en changeant de sujet.

— Cher prince, — dit César après avoir savouré une eau-de-vie de 1789, — me permettez-vous de vous demander un petit service ?...

— Certes ! — De quoi s'agit-il ?...

— Je viens de me rappeler que j'avais à écrire une lettre pressante. — Voulez-vous mettre à ma disposition une feuille de papier et une plume ?...

— Vous êtes ici chez vous, baron... — Pendant que je m'habillerai passez dans mon cabinet... — Vous trouverez sur le bureau tout ce qu'il vous faudra...

— Grand merci... — Je vais profiter de votre obligeance...

Et César, enchanté du succès de sa ruse, gagna le cabinet de travail dont il eut soin de refermer la porte derrière lui.

Tout d'abord il prit une feuille de papier à lettre, la plia et la glissa dans une enveloppe qu'il ferma à la gomme.

Il ne lui restait qu'à tracer sur cette enveloppe une adresse de fantaisie.

Ceci fait le baron se dirigea vivement vers le meuble d'ébène.

— C'est dans ce tiroir — murmura-t-il — que j'ai vu le prince Hector placer ce que je cherche...

Et il l'ouvrit.

Le premier objet qui frappa sa vue fut l'enveloppe portant cette suscription :

« CECI EST MON TESTAMENT »

— La voilà ! — se dit-il avec joie — Non cachetée !... — La chance est pour moi !...

Il la prit et en tira fiévreusement la feuille de papier timbré contenant les dernières dispositions d'Hector.

Tandis qu'il en parcourait le contenu, des lueurs étranges jaillissaient de ses prunelles, un sourire indéfinissable contractait ses lèvres.

Il poursuivit *in petto* :

— J'avais raison... — Que le prince meure avant quinze jours et les millions seront à Geneviève, par conséquent à moi !... — il faut se hâter...

Le testament fut réintégré dans l'enveloppe, et l'enveloppe reprit sa place.

M. de Fossaro repoussa le tiroir, tira de sa poche une petite boîte d'argent renfermant une boule de cire rouge à modeler, et se servit de cette cire avec une habileté de voleur émérite pour prendre l'empreinte de la serrure et celle de la clef.

Puis, très calme et parfaitement satisfait de lui-même, il revint s'asseoir au bureau, trempa une plume dans l'encre et écrivit le premier nom qui lui vint à l'esprit sur l'enveloppe préparée d'avance.

Il achevait au moment où la porte du cabinet s'ouvrit.

Hector parut et demanda :

— Avez-vous fini, baron?

— Oui ; je vous remercie de nouveau et je vous quitte.

— Décidément vous ne venez pas au tir?...

— Impossible aujourd'hui... — Je vous ai dit pourquoi.

— Allez donc, mais à bientôt, n'est-ce pas?...

— Cher prince, à bientôt!...

Le coupé de César attendait dans la cour de l'hôtel.

Il y monta.

— Où va monsieur le baron?... — demanda Benedetti.

— Avenue de Villars...

A la hauteur des quais, M. de Fossaro changea d'avis.

Il abaissa la glace du devant et dit au cocher :

— Boulevard Saint-Michel, n°...

Le petit prince, en prononçant le nom du vicomte de Chazay, avait fait naître dans l'esprit de César l'idée que nous allons le voir mettre à exécution.

Au numéro indiqué, le coupé fit halte.

Le baron mit pied à terre et monta chez un personnage bien connu et dont l'individualité, absolument sympathique, est l'une des plus pittoresques de notre époque.

Ce personnage, artiste distingué, écrivain original, a fait faire un grand pas à la science chiromancienne ; — il sèrait le premier maître d'armes de notre époque s'il le voulait et, ami de tous les auteurs dramatiques contemporains, il a *réglé* les plus beaux duels du théâtre moderne.

Arrivé au second étage César sonna, remit sa carte, et fut introduit presque aussitôt dans un cabinet très artistiquement meublé, où il se trouva en présence du maître du logis.

Tout le monde connaît cet homme de taille moyenne, alerte et vigoureux comme un adolescent, quoiqu'il ne soit plus de la première ni même de la seconde jeunesse ; cette figure originale, à la chevelure crêpue, aux yeux vifs et perçants, aux lèvres souriantes.

Les membres sont un peu grêles peut-être, mais ils ont la souplesse et la solidité de l'acier.

— M. de Fossaro ? — demanda-t-il en saluant le baron, après avoir regardé la carte qu'on venait de lui remettre.

— Oui, monsieur...

— Qui me procure la bonne fortune de votre visite, monsieur le baron ?...

— Je viens vous consulter...

— Vous souhaitez que je demande aux lignes de votre main ce que l'avenir vous réserve ?

César fit un geste brusque de dénégation et répondit :

— Il ne doit être question entre nous ni de mon avenir, ni de chiromancie...

— De quoi donc, alors?

— On affirme, monsieur, qu'en lisant une lettre vous pouvez faire le portrait physique et moral de son auteur...

Le maître du logis sourit.

— C'est aller un peu loin... — répliqua-t-il. — Mais il est certain que je suis arrivé, à force d'étude, à des résultats parfois frappants... — Vous avez une lettre à me confier?

— Oui, monsieur...

— Vous en connaissez le signataire?

— Elle n'est pas signée... — j'ignore par qui elle a été écrite... C'est là justement ce que je voudrais savoir... — Voici la lettre...

M. de Fossaro tendit à son interlocuteur le billet anonyme remis à Malpertuis par le comte de Vergis.

L'homme de science prit ce billet, assujettit son pince-nez, lut avec une profonde attention et, se tournant vers César au bout d'une minute, lui dit :

— C'est une ignoble dénonciation...

— Comme vous voyez.

— Malheureusement rien de précis, par conséquent rien d'utile, ne peut sortir de l'étude de cette lettre...

— Pourquoi donc?

— Parce que l'écriture est contrefaite...

— Vous croyez?...

— Cela saute aux yeux... aux miens du moins,

quoique la main par qui ont été tracées ces lignes soit une main adroite... — L'écrivain anonyme est expert en calligraphie et pourrait être un faussaire habile... — Il n'a pas reçu une éducation bien solide mais, à défaut d'instruction, il possède une sorte de vernis qu'on ne trouve que chez certaines gens de théâtre... — Les phrases, ampoulées et redondantes, sentent le comédien...

A ces mots : *gens de théâtre* et *comédien,* Fossaro dressa l'oreille.

Le maître du logis continua :

— Cette écriture, quoique contrefaite, est écrasée et pour ainsi dire noueuse... — Elle me semble indiquer un être de basse origine... — Son esprit est mauvais, son imagination fougueuse, cela résulte de la structure indécise de certaines lettres hâtivement formées et non finies... — L'écriture descendant vers l'angle inférieur de la page reflète la vie de l'homme descendant vers le mal... — Les mots, irrégulièrement espacés, trahissent une conscience peu scrupuleuse... — Les T, barrés très haut par une ligne très longue, signifient clairement : *orgueil*!... — Celui qui tenait la plume n'écrivait pas pour son propre compte...

— Vous en êtes sûr? — s'écria Fossaro surpris.

— Du moins, je crois l'être...

— A quoi voyez-vous cela?

— Au grand nombre d'alinéas dans si peu de phrases. — Le scribe attendait que l'inspirateur formulât sa pensée, puis il la résumait dans un langage où l'on ne peut trouver ni le style ni les expressions d'un gentleman... — Un homme du monde serait incapable d'inventer cela... — C'est du mélodrame de la pire école...

XX

Après un instant de réflexion, le chiromancien poursuivit :

— Une autre conjecture admissible se présente à mon esprit... — il existe des maniaques qui écrivent ces choses-là sans motif et sans but... la lettre anonyme est leur folie... — J'ai eu sous les yeux de nombreuses épîtres émanant d'aliénés de cette catégoriée, et dans ce cas les caractères de l'écriture ne peuvent servir de base à une étude sérieuse et ne fournissent aucun renseignement utile... — Je me résume : — cet écrit est l'œuvre d'un fou, ou d'un scribe payé reproduisant la pensée d'un autre, et l'instrument dont je vous ai tracé le portrait moral n'était pas moins infâme que le dénonciateur... — je regrette ne pouvoir vous éclairer mieux... — Reprenez donc ce document immonde...

César de Fossaro, très perplexe et plus que jamais entouré de ténèbres, se leva.

— Je ne veux pas vous retenir davantage, maître... — dit-il.

— J'allais vous demander moi-même la permission de vous quitter... — répliqua le chiromancien ; — je suis attendu... — j'ai promis d'aller régler un duel au théâtre de Belleville...

— Au théâtre de Belleville, vous?... — répéta le baron surpris.

— Oui... — Les directeurs montent une pièce inédite d'une jeune auteur qui, paraît-il, a beaucoup de talent... — Ils comptent énormément sur cet ouvrage dans lequel se trouve une passe d'armes entre dix-huit ou vingt personnages, et sont venus me demander mes conseils...— Je suis heureux de leur rendre ce service...

— Vous aimez tout ce qui touche au théâtre, maître?...

— Passionnément, oui... — Cela me rappelle les bons moments de ma jeunesse et mes meilleurs amis, hélas! aujourd'hui disparus... — Je me plais au milieu des artistes et, quand je trouve parmi eux quelques tireurs passables, je prends plaisir à leur faire une mise en scène pittoresque.... — Et tenez, justement dans la pièce dont je vous parle, j'ai sous la main un garçon très fort en escrime, quoique ayant seulement deux années de salle... — C'est un sujet d'une vigueur exceptionnelle et d'une adresse hors ligne... — il a du coup d'œil, un poignet d'acier... — il attaque avec précision et riposte comme un professeur... — Ce gaillard-là, s'il est jamais acteur dans un duel sérieux et s'il garde son sang-froid sur le terrain, sera bien dangereux pour son adversaire...

— Même si son adversaire était un tireur expérimenté?

— Même dans ce cas, je l'affirme et je m'y connais...

— Il est jeune?

— C'est tout au plus s'il a vingt-trois ans...

— Beau garçon?

— Splendide... — Malheureusement il le sait trop... et les femmes le lui prouvent sans la moindre mesure... — Ça finira par le perdre, j'en ai peur.

— Vous le nommez?

— Fernand Volnay...

M. de Fossaro tressaillit.

L'habile metteur en scène des drames de l'épée surprit ce mouvement.

— Vous le connaissez? — demanda-t-il.

— J'ai lu son nom dans les journaux de théâtre qui lui prédisent un bel avenir.

— Il est intelligent... Il a du naturel et de la chaleur... — Son instruction me paraît un peu superficielle; mais elle est suffisante pour lui donner ce vernis dont je parlais tout à l'heure, et dont un comédien ne saurait se passer lorsqu'il tient l'emploi de Fernand de Volnay...

— J'irai voir la première représentation de la pièce nouvelle...

— Je vous y engage, et je crois que vous ne regretterez pas trop d'avoir fait le voyage de Belleville...

— Il me reste à vous témoigner ma gratitude et à m'acquitter envers vous... — dit César en posant cinq pièces d'or sur un coin du bureau.

— Pardon, monsieur, — fit observer le maître du logis, — vous ne me devez qu'un louis...

— La différence sera pour vos pauvres...

— J'accepte pour eux, et en leur nom je vous remercie.

M. de Fossaro salua et sortit.

— Avenue de Villars... — dit-il à Benedetto en remontant dans sa voiture.

Le cocher italien redescendit le boulevare Saint-Michel, prit la rue Racine, la rue de l'Odéon et la rue Saint-Sulpice, pour gagner le boulevard des Invalides par la rue du Vieux-Colombier et la rue de Sèvres.

Tandis que le coupé filait, César, adossé dans un angle, songeait à ce qu'il venait d'entendre et au singulier hasard amenant au milieu de l'entretien le nom de l'acteur Fernand Volnay.

— Il est fort à l'épée — se disait-il — et serait un redoutable adversaire... — C'est bon à savoir et je n'oublierai pas ce détail.

Puis, passant à un autre ordre d'idées, il murmurait :

— Qui donc a dicté cette lettre anonyme? — il faudra que je le découvre, sinon mon plan, miné par la base, s'écroulera... mais je le découvrirai...

Au moment où le coupé allait déboucher de la rue Saint-Sulpice sur la place du même nom, Benedetto fut obligé de ralentir la marche de Dick.

Un encombrement d'omnibus se produisait, ce qui, soit dit entre parenthèses, arrive en ce lieu cent fois par jour.

Les cochers juraient ; — les massifs percherons hennissaient en frappant du pied.

Benedetto dut arrêter tout à fait son cheval.

César mit machinalement la tête à la portière de gauche.

Il vit un coupé de maître, venant de la rue du Vieux-Colombier, faire halte au bas des marches du grand portail de Saint-Sulpice, et il reconnut du premier coup d'œil les armes peintes sur les panneaux.

C'étaient celles du comte de Vergis.

La portière s'ouvrit ; — une jeune femme vêtue de noir, très élégante de tournure et très hermétiquement voilée, descendit de voiture, gravit lestement les degrés et disparut sous le porche.

— Je suis bien sûr de ne pas me tromper, c'est la comtesse de Vergis! — pensa le baron. — La taille et la démarche sont aussi reconnaissables pour moi que l'aurait été le visage... — Est-ce la dévotion seule qui l'amène à l'église à cette heure?

Il ajouta, en voyant le cocher faire un geste qui lui parut singulier :

— Tiens! tiens! tiens! — Qu'est-ce que cela signifie? — Est-ce que je trouverais ici, sans le chercher, le point de départ que j'aurais peut-être cherché vainement ailleurs?

Le coupé du baron avait repris sa marche.

César le laissa filer jusqu'à l'angle de la rue Bonaparte.

Là il abaissa la glace du devant, donna l'ordre à Benedetto de stopper et d'attendre, mit pied à terre et revint sur ses pas.

Le cocher de la comtesse était allé se ranger au delà des marches, du côté du séminaire.

Ses yeux fixés sur le portail avaient des lueurs étranges, et son visage offrait une expression presque effrayante.

— C'est Jacques Sureau — se dit M. de Fossaro — Jacques Sureau, l'ancien écuyer des cirques nomades, l'ancien entraîneur, le cousin du comédien Fernand Volnay... — Cet étrange bonhomme a dans le regard de la fureur, du mépris et de la haine... — Qu'est-ce que ça signifie?... — Est-ce que par hasard?... — Un cocher, allons donc!... — Eh bien! après?... — Ruy-Blas était laquais et il aimait la reine... — Tout cela est à éclaircir...

Le baron se frotta les mains d'un air joyeux, gravit les marches à son tour et entra dans l'église.

La nef immense, silencieuse, pleine encore des

parfums de l'encens refroidi, plongée dans un demi-jour mystérieux, était presque déserte.

Dans l'ombre des chapelles et près des confessionnaux quelques femmes priaient agenouillées.

César jeta autour de lui un rapide coup d'œil et ne vit point la comtesse ; mais ceci ne prouvait rien.

Se donnant alors les allures d'un étranger qui franchit le seuil d'une église beaucoup moins par dévotion que par curiosité, il suivit lentement les sentiers frayés entre les chaises, explora les bas-côtés, visita les chapelles, et chacune des pénitentes — (qui, nous le répétons, n'étaient pas nombreuses) — attira successivement ses regards.

Les coins les plus obscurs furent l'objet de son examen.

Nulle part il n'aperçut madame de Vergis.

— Serait-elle entrée à la sacristie ? — se demanda-t-il ; — C'est peu probable... — Les portes sont ouvertes et aucun bruit de voix ne se fait entendre... — Comment expliquer cette disparition ?... Il y a là aussi un mystère dont j'aurai la clef... — Ce n'est point une pensée pieuse qui conduisait ici la comtesse...

Tout en monologuant de la sorte, M. de Fossaro avait fait le tour de l'église ; il était désormais certain que madame de Vergis ne s'y trouvait point.

— J'attendrai... — murmura-t-il.

Et il s'assit auprès d'un pilier qui le protégeait contre les regards.

Trois ou quatre minutes s'écoulèrent, puis la jeune femme apparut tout à coup.

Elle émergeait, svelte et gracieuse, du fond de l'église à gauche du chœur, et marchait d'un pas rapide.

En traversant la nef elle s'arrêta, fit une génuflexion profonde en face du tabernacle, et vint s'agenouiller sur une des chaises placées au premier rang.

César la vit se signer dévotement, courber la tête et joindre les mains.

Ses lèvres remuaient.

Jamais attitude ne fut plus recueillie, plus humble, plus édifiante.

— Elle prie — pensa Fossaro — et sa piété semble sincère. — Pour qui *poserait*-elle ? — L'église est vide... — Ceci s'accorde assez mal, selon moi, avec l'accusation qu'on fait peser sur elle... — Et pourtant on a vu des femmes se partager de la meilleure foi du monde entre Dieu et l'amour... — D'où vient-elle et qu'a-t-elle fait depuis que je l'attends ?... — C'est une énigme dont je veux le mot...

Madame de Vergis se releva au bout de quelques secondes.

Elle se signa pieusement pour la seconde fois, s'inclina de nouveau devant le maître-autel, et suivit d'un pas rapide la voie large conduisant au grand portail.

Fossaro, tournant le pilier derrière lequel il s'était caché, la suivit du regard.

Avant d'atteindre la porte elle ralentit sa marche, tira de sa poche son porte-monnaie, y prit une pièce d'or, la glissa dans le tronc des pauvres, mouilla d'eau bénite le bout de ses doigts, fit un troisième signe de croix et sortit.

Lorsque César atteignit à son tour la plus haute marche des degrés, le coupé de la comtesse se dirigeait au grand trot vers la rue du Vieux-Colombier.

— A l'hôtel de Vergis maintenant ! — se dit Fossaro.

Et il regagna lentement sa voiture, afin de laisser à la comtesse une notable avance sur lui si elle retournait chez elle.

Le baron avait été mal inspiré en quittant sitôt l'église.

S'il était resté un quart d'heure de plus à l'ombre de son pilier, il aurait assisté à une chose singulière et il ne se serait éloigné qu'en emportant le fil d'Ariane.

Quinze minutes après le départ de madame de Vergis, un jeune homme de vingt-cinq ans environ entra dans l'église par la porte qui donne rue Saint-Sulpice, au coin de la rue Férou, et vint s'agenouiller avec un recueillement très correct sur le prie-Dieu où nous avons vu la comtesse inclinée.

La partie supérieure de ce prie-Dieu, garnie de

velours grenat, formait une sorte de boîte à couvercle pouvant se fermer à clef, et destinée à contenir des livres d'heures et de menus objets de dévotion.

Le jeune homme jeta un regard à droite, à gauche et en arrière; puis, certain qu'il n'était pas épié, souleva le couvercle, plongea sa main dans la boîte et en tira un billet qu'il se hâta de faire disparaître au fond de sa poche.

Il reprit ensuite son immobilité pendant quelques instants, puis il se releva, gagna pour sortir la porte par laquelle il était arrivé, et entra dans une maison de la rue Férou.

Laissons le baron de Fossaro se diriger vers le boulevard des Invalides, et retournons, rue de la Victoire, à l'étude Malpertuis.

Après avoir reçu de César des indications nombreuses et précises sur la façon dont il devait accueillir le docteur Antonin Frébault, et sur les réponses qu'il y aurait lieu de lui adresser, l'ex-avoué procéda comme d'habitude au dépouillement de sa correspondance.

Il fit comparaître ensuite les agents attachés au service extérieur, leur donna des ordres et les chargea de recherches à faire, notamment de celles relatives à Lucile Gonthier, fille d'Amélie Gonthier et selon toute apparence unique héritière des millons d'Edgard Sidney.

Les agents chapitrés et congédiés, Malpertuis se

mit à la disposition des clients qui, ce matin-là, encombraient l'antichambre.

Les affaires dont on venait entretenir l'homme de loi n'étaient pour la plupart ni bien intéressantes ni bien compliquées.

Malpertuis qui — connaissant sa propre valeur — n'aimait point à se dépenser en paroles inutiles, les expédiait rapidement.

Une dizaine de personnes avaient défilé en moins d'une heure.

La onzième que Michel, l'homme à l'habit gris, introduisit dans le cabinet, était le cousin de Jacques Sureau, le comédien Fernand Volnay, jouant les jeunes premiers rôles au théâtre nullement subventionné de Belleville, et d'une force exceptionnelle à l'escrime, s'il fallait en croire le maître en fait d'armes du boulevard Saint-Michel.

XXI

L'allure du comédien n'était point, comme la veille au moment de son arrivée, pleine de suffisance et presque d'arrogance.

Son visage n'exprimait plus la joyeuse humeur d'un homme enchanté de lui-même et trouvant que la vie est belle.

Fernand Volnay portait la tête basse ; — il essayait de sourire, mais ce sourire n'était qu'une grimace, décelant l'émotion pénible qu'il éprouvait.

Son premier regard chercha le regard de Malpertuis pour y lire son arrêt ; il examina furtivement la la physionomie de l'agent d'affaires. — Les yeux et la figure étaient impénétrables.

— Vous m'avez ordonné hier de revenir ce matin monsieur... — balbutia l'acteur ; — me voici.

— Asseyez-vous, monsieur Fernand... — répondit Malpertuis.

Cette invitation, formulée d'un ton presque bienveillant, parut de bon augure au jeune homme.

Il prit un siège et, tremblant encore quoique un peu rassuré, demanda:

— Vous avez eu la bonté, monsieur, d'envoyer une dépêche à Marseille, à M. Hirsch, concernant...?

Le comédien n'osa pas achever sa phrase.

La parole expira sur ses lèvres.

— Vous concernant?... — répondit Malpertuis;
— Oui.

— Avez-vous une réponse?

— Oui... — J'ai reçu tout à l'heure un télégramme fort explicite...

Fernand Volnay attendit pendant le quart d'une seconde; mais, comme l'ex-avoué ne s'expliquait pas, il reprit :

— Puis-je espérer que M. Hirsch a consenti à ne voir qu'une folie de jeunesse dans la faute dont je me suis rendu coupable?... — A-t-il compris que j'avais cédé d'une façon presque inconsciente à de mauvais conseils et aux entraînements d'une vie fiévreuse?...

— M. Hirsch ne veut pas la mort du pécheur... — formula Malpertuis d'un ton sentencieux.

En entendant ces paroles, Fernand sentit s'évanouir le poids énorme, écrasant, qui pesait sur ses épaules.

Pour la première fois depuis la veille il respira librement.

L'homme d'affaires continua :

— Mon honorable correspondant de Marseille vous laissera tout le temps nécessaire pour vous acquitter envers lui et pour réparer votre faute....

— Vous me verserez ici, chaque fois que vous le pourrez, une somme dont je vous donnerai reçu...

— Oh! je m'acquitterai, monsieur... — s'écria Fernand ivre de joie. — Je vous jure que je m'acquitterai...

— Je l'espère et j'y compte...

— Et, pour vous pouver mon bon vouloir, je vais vous remettre vingt francs... — C'est bien peu de chose, je le sais, mais enfin c'est un commencement et je ne puis aujourd'hui faire mieux...

Malpertuis secoua la tête.

— Je n'accepterai, — répliqua-t-il, — que des acomptes de cent francs... — C'est la volonté formelle de M. Hirsch... — On vous laissera d'ailleurs tout le temps nécessaire, je vous l'ai dit...

La prodigieuse élasticité de cette latitude remplissait Fernand de surprise, tout en le mettant fort à l'aise.

— J'attendrai donc, monsieur, — dit-il, — que j'aie réuni une première somme de cent francs, et je vais écrire dès aujourd'hui à M. Hirsch pour le remercier...

Malpertuis se mordit les lèvres et répondit vivement:

— Je ne vous le conseille pas...

— Pourquoi?

— M. Hirsch est furieux contre vous, malgré la longanimité qu'il manifeste à votre endroit... — Le souvenir de votre conduite déloyale est plus que jamais présent à son esprit, et s'il consent à garder le silence sur une affaire qui vous mènerait droit en cour d'assises, il y met une condition...

Fernand Volnay sentit renaître ses inquiétudes.

— Une condition?... — répéta-t-il : — laquelle?... — Assurément je suis prêt à tout pour être agréable à M. Hirsch.

— Vous allez reconnaître par écrit que les billets donnés en paiement par vous sont signés d'un faux nom, que vous avez mis les bijoux au mont-de-piété pour vous procurer l'argent nécessaire à vos goûts de dissipation, et vous ajouterez que, si vous changiez de nom en quittant Marseille, c'était afin de vous soustraire aux poursuites dont vous vous sentiez menacé...

Malpertuis parlait lentement, d'une voix posée d'un ton glacial.

Fernand Volnay l'écoutait avec une stupeur croissante.

— Reconnaître cela par écrit!... — balbutia-t-il quand l'homme d'affaires eut achevé.

— C'est reconnaître la vérité...

— Mais c'est impossible!... — M. Hirsch, puisqu'il ne souhaite point ma perte, ne saurait exiger de moi pareille chose...

— J'ai cité presque textuellement le paragraphe de la dépêche...

— Mais alors, son simulacre d'indulgence n'est qu'un raffinement de cruauté !

— Il use de son droit.

— Pourquoi me demander d'écrire et de signer un semblable aveu ?... — A quoi bon m'imposer une humiliation inutile, M. Hirsch ayant dans les mains les deux billets que j'ai signés d'un faux nom ?... — Et encore, était-ce bien un faux puisque je prenais mon nom de théâtre ?...

Malpertuis eut un mauvais sourire.

— Pardon, cher monsieur... — fit-t-il ; — vous vous abusez complétement... — Un billet à ordre ayant pour but un payement de marchandises est une chose commerciale... — La loi vous interdit absolument de signer ce billet d'un autre nom que de celui qui vous est octroyé par votre acte de naissance... — Vous deviez signer : *Fernand Volnay* (*dit* : *Jules Marly*), ce qui eut été régulier, et vous rendait simplement justiciable du tribunal de commerce en cas de non-payement... — M. Hirsch enfin exige votre aveu écrit, parce que ça lui convient et parce qu'il se croit le maître de vous imposer sa volonté...

— C'est un piège qu'il me tend...

Malpertuis haussa les épaules.

— Un piège ! — répliqua-t-il — quand il suffirait d'un mot pour qu'on vous envoyât les gendarmes !

— Cher monsieur, ne dites donc pas de bêtises !...

— C'est dans tous les cas une exigence monstrueuse ! — poursuivit Fernand.

— Libre à vous de ne pas l'accepter...

— Et si je refuse ?

— Mes ordres sont précis.... — Je porterai plainte aujourd'hui même comme fondé de pouvoir de M. Hirsch et détenteur des billets faux, et la justice suivra son cours...

— Et c'est pour cela que vous m'avez fait attendre jusqu'à ce matin !! — s'écria le comédien furieux. — Hier, je vous ai offert d'aller trouver un de mes parents, qui m'aurait probablement prêté la somme nécessaire pour vous payer... — Vous m'en avez empêché, et maintenant vous me demandez de vous fournir une arme contre moi...

— Vous avez dit le mot, c'est une arme en effet... — interrompit Malpertuis...

— Mais, à quoi bon ? — reprit Fernand. — Dans quel but ?...

— Dans le but de vous empêcher de faire de nouvelles dupes... — La certitude qu'un péril incessant plane sur vous en cas de récidive vous fera marcher droit, même malgré vous, dans la route de l'honneur... — Soyez honnête et vous n'aurez rien à craindre... — Ce qu'exige M. Hirsch est dans votre intérêt...

La période d'accablement succéda sans transition chez Fernand Volnay à la période de colère.

— Je suis à votre merci, monsieur... — bégaya-t-il. — Vous me tenez et vous pouvez faire de moi tout ce qu'il vous conviendra d'en faire.

— Je ne suis qu'un fondé de pouvoir contraint à l'obéissance passive — répondit Malpertuis ; — je vous prierai cependant de remarquer que si M. Hirsch consent à ne point vous livrer aux tribunaux, c'est sur mes instances...

— Et si j'écris ce que vous me demandez, je n'aurai rien à craindre.

— Rien, je vous le répète, tant que vous resterez dans la voie droite...

— Je ne serai point inquiété pour ces malheureux billets ?

— Je vous en donne l'assurance... — vous devez donc être tranquille.

Fernand Volnay eut sur les lèvres ces mots :

— Qui me le prouve?

Il n'osa les prononcer, sentant qu'il ne pouvait lutter contre un homme armé si formidablement et qui l'écraserait s'il n'obéissait pas.

D'avance il se vit arrêté et conduit en prison.

La Cour d'assises lui apparut et le fit frissonner.

Une condamnation, quelle qu'elle fût, briserait son avenir... — adieu le théâtre qu'il aimait... — adieu la vie joyeuse... adieu les femmes.... adieu les rêves !...

Si, au contraire, il se soumettait, s'il acceptait la dure condition qui lui était faite, il se trouverait débarrassé de toute inquiétude, on le lui jurait et cela paraissait vraisemblable.

En de telles conditions hésiter plus longtemps était impossible.

— Donnez-moi donc du papier, monsieur, — balbutia le comédien — et dictez... — Je suis prêt à écrire et à signer ce que demande M. Hirsch.

Malpertuis disposa, sur une des allonges de son bureau, une feuille de papier, un encrier et une plume.

Fernand la saisit.

L'ex-avoué dicta.

— « Je reconnais que les deux billets, de trois cent cinquante francs chacun, remis par moi en payement à M. Hirsch, joaillier à Marseille, étaient signés d'un nom qui ne m'appartenait pas ; — j'avoue avoir engagé au Mont-de-Piété les diamants livrés par M. Hirsch, et vendu la reconnaissance ; — j'ajoute que, me sentant coupable, j'ai changé de nom en quittant Marseille, pour dépister mon créancier et éviter des poursuites.

» Fernand VOLNAY, dit Jules MARLY.

» Paris, le 17 septembre 1879. »

— C'est fait, monsieur... — murmura le comédien en tendant le papier à Malpertuis.

Ce dernier le prit, relut la déclaration, hocha la tête d'un air satisfait et formula sentencieusement :

— Je comprends, jeune homme, qu'il vous ait

semblé dur d'exprimer sur vous-même une opinion sévère, mais peut-être venez-vous d'assurer votre fortune et de vous préparer un brillant avenir.

— Raillez-vous, monsieur ? — demanda Fernand.

— Je parle très sérieusement... — La vie est pleine de choses bizarres et de résultats singuliers qui déjouent toute prévision... — Veuillez me tenir au courant de ce que vous ferez à partir de ce jour... — J'aurai besoin de ne jamais ignorer votre adresse...

— Je vous tiendrai au courant, monsieur... — répondit le comédien.

Il salua Malpertuis, qui l'accompagna courtoisement jusqu'à la porte du cabinet et se dit, en revenant occuper son fauteuil.

— César avait raison... — Nous ferons de ce drôle tout ce qu'il nous plaira...

Il frappa sur le timbre qui résonnait dans l'antichambre.

Michel accourut.

— Avons-nous encore beaucoup de monde ? — lui demanda le patron.

— Trois personnes, monsieur et voici les noms : — répondit le garçon de bureau en consultant un carré de papier qu'il tenait à la main ; — M. Landry, M. Javal et M. le docteur Frébault, arrivé le dernier...

— Introduisez le docteur tout de suite.

Le médecin en titre de la duchesse de Chaslin franchit le seuil.

Malpertuis se leva pour lui rendre son salut, et désigna près de son bureau un large fauteuil dans lequel Antonin se laissa tomber.

— Je viens solliciter votre concours, monsieur... — commença le docteur.

— D'avance il vous est acquis — répliqua l'homme d'affaires — et je suis fier de recevoir pour la première fois dans mon étude une des illustrations de la science moderne...

Antonin Frébault s'inclina et poursuivit :

— Une personne avec laquelle vous avez été en relations m'autorise à me recommander de son nom, car c'est elle qui m'a donné l'idée de m'adresser à votre maison bien connue...

— De qui s'agit-il, monsieur ?

— De mon ami le baron César de Fossaro.

— M. le baron de Fossaro... parfaitement... parfaitement... — Je lui ai procuré un valet de chambre...

— Dont il est enchanté... — Il m'a fait de votre étude l'éloge le plus enthousiaste et le plus mérité...

Malpertuis s'inclina à son tour et dit :

— Maintenant, monsieur le docteur, veuillez m'apprendre quel est le but de votre visite...

— Je viens, monsieur, vous prier de me procurer une personne digne d'occuper un emploi de haute confiance dans une famille considérable...

— Spécifiez, s'il vous plaît...
— Madame la duchesse de Chaslin, l'une de mes clientes, m'a chargé de trouver une jeune fille bien élevée, de bonnes manières, d'une irréprochable moralité, pouvant remplir auprès d'elle les délicates fonctions de demoiselle de compagnie... — Avez-vous sous la main cet oiseau rare ?
— Mon étude ne mériterait point sa réputation, monsieur, si j'étais forcé de vous répondre négativement... — Je puis mettre à votre disposition plusieurs jeunes filles remplissant les conditions requises... — Je vous recommanderai surtout l'une d'elles comme un sujet exceptionnel et d'un mérite absolument hors ligne...

XXII

— Quel âge a cette jeune fille ?... — demanda le docteur Frébault.

— Dix-neuf ans... — répondit Malpertuis.

— Elle appartient à une famille honorable ?

— Elle est orpheline, et je crois sa naissance entourée de mystère...

— Ne l'avez-vous point questionnée à ce sujet ?

— Fort peu... — j'ai craint de raviver une douleur mal éteinte... — Sa distinction naturelle, son air de race, sa physionomie presque hautaine malgré l'extrême douceur de son caractère, ne permettent point de supposer ni même d'admettre qu'elle soit de basse extraction.

— Que savez-vous sur son enfance et sur sa première jeunesse ?

— Elle a été élevée en Angleterre par les soins d'un honnête homme qui s'est ruiné dans le commerce des cotons et qui, en mourant, l'a confiée à une vieille servante française... — Cette brave femme, extrêmement dévouée à l'orpheline, l'a conduite à Paris, espérant y trouver pour elle un emploi.

— La jeune fille est jolie ?

— Charmante...

— Musicienne ?

— Pianiste distinguée et douée d'une belle voix de contralto.

— Il est inutile de vous demander si elle parle anglais, puisqu'elle a été élevée à Londres...

— Outre le français elle parle trois langues : l'anglais, l'espagnol et l'italien...

— Vous répondez de sa moralité ?

— Les renseignements arrivés de Londres m'autorisent à le faire avec une certitude absolue... — Il suffit d'ailleurs de la voir pour comprendre à quel point la pauvre enfant mérite qu'on s'intéresse à elle...

— Cher monsieur Malpertuis — s'écria Frébault — tout ce que vous me dites là m'enthousiasme !

— Enthousiasme bien placé, monsieur le docteur, et que vous ne regretterez pas...

— Cette remarquable personne est-elle immédiatement libre ?

— Oui... — Depuis plus d'une année qu'elle habite Paris, j'aurais trouvé cent fois à la placer... — Je ne l'ai pas voulu... — Pour un trésor exceptionnel j'attendais une occasion exceptionnelle comme celle qui se présente aujourd'hui... — mademoiselle Adrienne sera vraiment à sa place dans le salon de la duchesse de Chaslin, et madame la duchesse ne saurait trouver mieux...

— Tout ceci est à merveille... — Je désirerais cependant voir cette jeune fille avant de parler d'elle à madame de Chaslin...

— Rien de plus facile... — Je vais la faire immédiatement prévenir... — A quelle heure voulez-vous qu'elle se présente chez vous ?

— Ce soir, vers six heures... — Mon adresse est sur ma carte... — 4, rue de Verneuil...

— A six heures précises elle sonnera à votre porte.

— Dois-je traiter avec vous la question des honoraires ? — demanda le docteur.

— Vous la traiterez avec la jeune fille elle-même...

— Et, à vous, monsieur Malpertuis, que dois-je ?

— Absolument rien, quant à présent... Deux louis si la jeune fille est agréée par madame de Chaslin..

— Ne puis-je vous les offrir immédiatement ?

— Je ne les accepterais pas.

— Cela me procurera donc le plaisir ne vous revoir... — A six heures j'attendrai mademoiselle Adrienne...

— Comptez sur son exactitude...

Antonin Frébault prit congé et Malpertuis le reconduisit jusqu'a l'antichambre, ce qui lui arrivait rarement pour un client de l'étude, quel qu'il fût.

Rentré dans son cabinet il traça sur une feuille de papier à lettre ces mots :

« *Mademoiselle Adrienne se présentera aujourd'hui à six heures précises chez le docteur Antonin Frébault, 4, rue de Verneuil. — Affaire duchesse de Chaslin.* »

Après avoir signé de l'initiale : P, il mit ces trois lignes sous enveloppe, écrivit pour toute adresse le nom de *Blanche Renée*, prévint son employé principal qu'il sortait pour une heure, prit une voiture et se fit conduire à Belleville.

Malpertuis suivait exactement les ordres de César.

— Personne à l'agence ne doit savoir que Blanche existe... — avait dit le baron de Fossaro — Chaque fois qu'il sera question d'elle, agis toi-même.

L'ex-avoué agissait.

A l'angle de la rue Compans il trouva un commissionaire, lui remit son billet et lui désigna la petite porte que nous connaissons et où il devait sonner.

— J'attends ici votre retour... — ajouta-t-il.

— Y aura-t-il une réponse ? — demanda le commissionnaire.

— Non... — Vous donnerez simplement cette lettre à la personne qui vous ouvrira...

— Bien...

La chose fut faite comme le voulait Malpertuis, qui regagna la rue de la Victoire.

Blanche frissonna de tout son corps en lisant le billet laconique de l'agent d'affaires.

— Déjà !... — murmura-t-elle.

Après un silence, elle ajouta :

— Somme toute, mieux vaut se hâter... — Le titre de duchesse et des millions, voilà l'enjeu... — Il faut jouer vite et gagner la partie... — A six heures je serais chez le docteur Frébault.

Et elle prépara sa toilette.

Tandis que se passaient ces choses Stanislas Picolet, que nous avons vu la veille recevoir les confidences du prince Hector de Castel-Vivant et de l'agent de la sûreté Daniel Gaillet, ne restait point inactif.

La veille au soir Malpertuis lui avait donné des instructions relatives à certaines recherches dont il le chargeait, et qui devaient l'occuper trois ou quatre jours au moins.

Sta-Pi se frotta les mains.

Son heureuse chance lui permettait de travailler à la fois pour l'étude et pour le prince Totor.

Le policier interlope se mit donc presque immédiatement en quête.

Après avoir offert à madame Palmyre, la complaisante dame de comptoir du petit café de la rue de la Victoire, le déjeuner d'huîtres promis la veille, Picolet gagna le boulevard et monta sur l'omnibus de la Madeleine à la Bastille.

Arrivé boulevard des Filles-du-Calvaire, à la station qui se trouve vis-à-vis du cirque d'Hiver, il descendit, s'engagea dans la rue Oberkampf et la rem onta jusque de l'autre côté du boulevard Richard-Lenoir.

Il fit halte en face d'un étalage de photographies encadrées luxueusement, placées à la porte et dans le couloir d'une assez belle maison neuve, entra dans la maison et grimpa lestement jusqu'aux ateliers du photographe.

Il franchit le seuil.

Un jeune homme accourut à sa rencontre, et d'un air engageant lui demanda :

— Monsieur, sans doute, vient pour son portrait ?...

— Ma foi, non... — répliqua Stanislas Picolet en riant. — Ma binette ne vaut pas la peine que je fasse des frais pour elle...

— Alors, que désire monsieur ?... — reprit le jeune homme notablement refroidi.

— Un petit renseignement... — Je voudrais parler au patron...

— A lui-même ?...

— A lui-même...

— C'est que, pour le moment, il opère.

— Je l'attendrai...

— Entrez au salon... — Je viendrai vous prévenir quand le patron sera libre...

Sta-Pi passa son temps d'une façon fort agréable à regarder les nombreux portraits couvrant les murailles du salon.

Il s'arrêtait de préférence aux portraits de femmes.

Quand les femmes étaient jolies, il souriait.

Quand elles étaient décolletées, le sourire s'accentuait et un clignement d'yeux très anacréontique ne manquait pas de le souligner.

Au bout d'un quart d'heure qui sembla court à Picolet, une porte s'ouvrit et le patron lui-même parut, vêtu de velours noir de la tête aux pieds.

— C'est vous, monsieur, qui désirez me parler?... — demanda-t-il.

— Oui, monsieur.

— De quoi s'agit-il ?

— De me venir en aide pour retrouver une personne qui doit être, à l'heure qu'il est, bien inquiète au sujet des objets qu'elle a perdus... — Vous ne comprenez pas, naturellement ; mais une minute de patience, je vais m'expliquer...

— Aussi brièvement que possible, je vous en prie... — dit le photographe — Je suis un peu pressé.

— N'ayez crainte... je serai concis... — Hier soir, sur le boulevard, j'ai trouvé un carnet renfermant des lettres très importantes, mais sans enveloppes et par conséquent sans adresses...

— Eh bien, monsieur, vous pouvez mettre une note dans les journaux...

— Sans doute, et je pourrais aussi porter ma trouvaille au commissaire de police, mais je ne serais pas sûr d'atteindre mon but et j'ai préféré m'adresser à vous...

— Et comment diable puis-je vous servir ?

— Vous allez voir...
— J'attends...
— Dans ce carnet, il y avait une photographie...
— Cette photographie sort de vos ateliers... Donc vous connaissez la personne, qui n'est peut-être pas la propriétaire du carnet mais qui pourra certainement me mettre sur la voie...
— Vous avez raison, monsieur... — Montrez-moi l'épreuve...

Picolet prit dans son portefeuille le portrait-carte de la blonde inconnue répondant au nom de Lucile, et la tendit au photographe.

— En effet, — dit ce dernier — cela sort d'ici, et je me souviens à merveille de cette jeune personne, jolie comme un cœur, ma foi !... — J'ai tiré une demi-douzaine de cartes qu'on est venu prendre il y a huit ou dix jours ; mais cette demoiselle — (car je la suppose demoiselle) — n'est point de mes clientes habituelles... — Je ne l'avais jamais vue... — Je ne l'ai pas revue...

— Mais, monsieur, — répliqua Stanislas avec un désappointement immense, — quand vous avez un travail à exécuter, n'inscrivez-vous pas sur vos registres l'adresse des personnes ?...

— Cela arrive quand nous devons envoyer les épreuves à domicile ; mais le plus souvent on les paye d'avance et on vient les prendre...

— Etes-vous sûr de n'avoir pas écrit l'adresse de cette jeune fille ?...

— Je crois l'être... — Du reste, pour vous être agréable, je vais consulter mon livre...

— Je vous en serai très reconnaissant...

— Le photographe sortit.

— Comment, — murmura Stanislas en faisant la grimace, — je perdrais ma seule chance de retrouver la jolie blonde et de palper les billets de mille du prince de Castel-Vivant!... — Ça serait trop de déveine, le diable m'emporte!... — Mais si l'adresse n'est point inscrite ici, où chercher?... — Ça serait à s'arracher les cheveux...

Sta-Pi monologuait de cette façon au moment où le patron rentra.

Il tenait un registre à la main.

— Eh bien! monsieur? — demanda Picolet vivement.

— Eh bien! je ne me trompais pas, voici la commande marquée, mais sans adresse...

— Peut-être y a-t-il un nom?...

— Un nom, oui.

— Ah! — s'écria Picolet joyeux.

— Ou plutôt un simple prénom... — reprit le photographe. — Voyez : — MADEMOISELLE LUCILE. — *Demi-douzaine portraits-carte.* — *Payé.* — *A livrer le 5.* »

— Ça ne me mène à rien... — pensait Sta-Pi, dont la déception redoublait. — Le prince Totor savait qu'elle se nomme Lucile... il n'en est pas plus avancé pour ça... Moi non plus...

Au bout d'une seconde, il reprit tout haut :

— Supposez-vous, monsieur, que cette jeune fille habite votre quartier ?

— Je crois me souvenir qu'elle est venue ici tête nue, par conséquent en voisine... — Mais, la personne étant à coup sûr une petite ouvrière, une grisette comme on disait autrefois, cela ne prouve pas grand'chose...

— Je vous demande pardon, monsieur, de vous avoir ainsi dérangé...

— Et moi je regrette, monsieur, de vous avoir si mal renseigné...

Picolet se retira, la mine piteuse, la tête basse.

Une fois dans la rue il s'arrêta pour réfléchir, se laissant coudoyer par les passants.

— Eh bien ! — murmura-t-il tout à coup en sortant de ses réflexions et en se mettant à gesticuler ; — je suis un joli bonhomme, moi !... — J'ai promis au prince Totor de lui retrouver sa donzelle, et me voici en face d'un problème qui semble insoluble !... — L'est-il en effet ? — Existe-t-il une seule énigme dont on ne puisse trouver le mot ?... — Jusqu'à présent je ne l'ai pas cru... — Allons, mon vieux Sta-Pi, toi qui passes pour assez malin, il s'agit de débrouiller cet écheveau !... — La petite blonde est venue ici nu-tête et, si grisette qu'elle soit, — (quoi qu'en dise le photo), — une jeune fille ne viendrait pas sans chapeau de la rue Notre-Dame-des-Champs à la rue Oberkampf... —

Donc elle habite le quartier... — Eh bien ! j'explorerai, le quartier... — J'ai mon idée... — Demain je commencerai mon petit travail, et ça m'étonnerait bien s'il n'aboutissait pas... — Aujourd'hui il s'agit d'être honnête et de m'occuper des affaires de l'étude Malpertuis...

Et Sta-Pi, campant d'un coup de poing son chapeau sur l'oreille, reprit la direction du boulevard.

XXIII

Outre Stanislas Picolet l'étude Malpertuis, nous le savons, occupait nombre de pseudo-policiers chargés de dépister les gens dont l'ex-avoué voulait connaître les adresses, les habitudes et les relations.

Le matin de ce même jour, un de ces employés avait reçu mission de chercher la trace de la fille d'Amélie Gonthier, l'héritière des millions d'Edgard Sidney.

L'agent — un certain Bijou — muni des notes données par le patron, s'était mis immédiatement en quête.

La réussite lui semblait certaine.

Amélie Gonthier avait été engagée longtemps au théâtre Déjazet, puis en province, puis à l'étranger, et elle était revenue mourir à Paris.

Quoi de plus simple que de s'adresser au théâtre même, aux artistes contemporains de la comédienne, ayant fait partie de la même troupe, enfin aux correspondants dramatiques ?

Si on ne se souvenait pas exactement de l'adresse, on pourrait dire au moins dans quel arrondissement Amélie Gonthier était morte, et l'on se renseignerait d'une façon complète à la mairie de cet arrondissement.

Bijou eut bien vite la preuve qu'il s'illusionnait en croyant au succès facile et prompt.

Il trotta toute la matinée sans résultat.

Le théâtre Déjazet existait encore — sous un autre nom — mais il avait dévoré cinq ou six directeur en dix ans, et les livres d'adresses de l'époque où Amélie Gonthier en était pensionnaire n'existaient plus.

Ceci constituait une première déception.

L'employé de Malpertuis visita plusieurs correspondants.

Aucun ne put lui donner d'indication utile.

Il fallait donc se mettre en quête des artistes contemporains de la morte et ayant paru sur les mêmes scènes.

Bijou en vit un, il en vit deux, il en vit dix, sans obtenir le moindre résultat.

Seulement, — chose singulière ! — ceux qu'il interrogeait sur la fille de la comédienne lui répondaient invariablement :

— Amélie Gonthier n'avait pas de fille...

L'employé se disait alors :

— Le patron aurait-il été induit en erreur ?... — Si la personne en question avait eu un enfant, de n'importe quel sexe, ces gens-là le sauraient bien...

Peu lui importait d'ailleurs.

Il rendrait compte de ses démarches, et Malpertuis s'arrangerait comme il pourrait.

Enfin, quelqu'un renseigna Bijou sur la seule marche à suivre qui offrît quelque chance de le conduire à une solution.

Dans chaque théâtre il existe un employé spécial, chargé de porter au domicile des auteurs et à celui des artistes les bulletins de répétitions.

Un garçon d'accessoires du théâtre Déjazet avait avait été chargé de ce service pendant de longue années.

Il remplissait maintenant le même emploi dans une autre administration.

Comment admettre qu'il ne se rappelât ni la rue, ni du moins l'arrondissement où Amélie Gonthier était décédée?

Bijou se rendit au théâtre indiqué et trouva l'homme.

C'était un petit vieux de soixante-dix ans, racorni, ratatiné, mais encore agile.

L'employé de Malpertuis lui expliqua le but de sa visite.

— Monsieur — répondit le petit vieux — je puis vous satisfaire aux trois quarts. — Madame Gonthier demeurait boulevard Voltaire... — Je ne me souviens plus du numéro... — Je sais seulement que c'était un peu avant d'arriver au boulevard Richard-Lenoir.

Cela suffisait; l'espace à parcourir étant restreint, les recherches ne seraient pas longues; il deviendrait même sans doute inutile d'aller à la mairie.

Bijou prit en toute hâte le chemin du boulevard Voltaire, et commença par le côté des numéros pairs.

Une déception nouvelle l'attendait.

Presque tous les concierges, étant changés depuis dix ans, ne savaient rien des locataires de leurs prédécesseurs.

Enfin, arrive au n° 79, Bijou fut plus heureux.

— Madame, — demanda-t-il à une vieille concierge qui piquait à la mécanique des devants de chemises, — pouvez-vous me dire si une artiste dramatique, bien connue, qui se nommait Amélie Gonthier, a logé autrefois dans cette maison?...

La brave femme interrompit son travail et répondit :

— Oui, monsieur, elle y a logé, et même elle y est morte, il n'y a pas loin de dix ans...

— Je sais qu'elle n'existe plus, madame. Mais elle avait une fille, n'est-ce pas?

— Oui, monsieur, un momignarde d'une huitaine d'années, un n'amour de trésor, blond comme un épi mûr, avec de grands yeux d'un bleu de bluet qui lui faisaient le tour de la tête... — Elle venait voir sa mère de temps en temps...

— Elle ne demeurait donc point avec elle?...

— Non, monsieur...

— Quelque parent l'élevait sans doute à la campagne?...

— Madame Gonthier n'avait pas de parents, monsieur, du moins je le crois...

— Où donc était l'enfant?

— Dans une pension...

— Et, depuis la mort de sa mère, qu'est-elle devenue?...

— A cela, monsieur, impossible de répondre... Je n'ai jamais plus entendu parler de la petiote, qui doit être à cette heure une belle demoiselle si elle a tenu ce qu'elle promettait...

— Pouvez-vous m'indiquer au moins le nom du pensionnat où sa mère l'avait placée?...

— Non, monsieur...

— Vous ne savez absolument rien relativement à ce pensionnat?

— Je sais qu'il était du côté de Maisons-Alfort, voilà tout.

— Merci madame...

Bijou se trouvait de nouveau en face de difficultés qui lui paraissaient, cette fois, insurmontables.

Madame Gonthier avait laissé une fille, mais comment retrouver cette fille?

Il n'entrevoyait aucun moyen.

En conséquence il regagna l'étude, et rendit compte des résultats de sa mission à Malpertuis désappointé.

Une fois seul dans son cabinet, l'ex-avoué posa ses coudes sur son bureau, prit sa tête entre ses mains et songea.

— Abandonner cette affaire — pensait-il — serait folie; mais il importe d'agir avec la plus grande prudence. — Un avis inséré dans les journaux nous mettrait sans doute sur la voie, mais risquerait d'éventer la mèche... — On chercherait dans quel intérêt nous agissons... on se défierait, et il deviendrait ensuite difficile de traiter dans de bonnes conditions... — Trouvons avant tout, si faire se peut, le pensionnat où la jeune fille a été élevée...

Il fit rappeler Bijou et lui donna de nouvelles instructions.

Le collègue de Sta-Pi reçut l'ordre de visiter un à un tous les pensionnats situés dans la zone qui se trouve entre Charenton et Maisons-Alfort.

Laissons provisoirement à leurs recherches les deux employés de l'étude Malpertuis, et rejoignons le baron de Fossaro au moment où il arrivait à l'hôtel du comte de Vergis, avenue de Villars.

La comtesse était rentrée.

César en eut la preuve en voyant dans la cour le coupé qu'il avait remarqué place Saint-Sulpice.

Deux palefreniers dételaient le trotteur irlandais.

Le premier cocher, Jacques Sureau, n'était plus là.

M. de Fossaro se fit annoncer.

Madame de Vergis, n'ayant pris que le temps d'ôter son chapeau et sa pelisse, causait au salon avec trois ou quatre visiteurs, parmi lesquels nous devons signaler le vicomte de Chazay, dont le nom est déjà connu de nos lecteurs.

Marie de Vergis était cent fois plus jolie qu'il ne le fallait pour justifier l'ardente passion de son vieux mari.

Agée de vingt-trois ans à peine, elle ressemblait à une jeune fille tant il y avait de candeur presque virginale dans le regard de ses yeux bruns et dans le sourire de ses lèvres couleur de pourpre.

Une épaisse et soyeuse chevelure, d'un châtain doré, couronnait son visage aux traits purs, dont la moindre émotion empourprait l'épiderme velouté.

Grande, mince et merveilleusement bien faite, patricienne de tournure autant que de visage, elle unissait l'élégance et le charme à la grâce, « *plus belle encore que la beauté.* »

La comtesse reçut à merveille César de Fossaro, lui reprocha courtoisement la rareté de ses visites et, comme il demandait des nouvelles du comte, répondit avec un sourire plein de malice ingénue :

— M. de Vergis corrige les épreuves d'un grand

ouvrage effroyablement bourré de science, dont il paraît que l'Institut, la France et le monde attendent avec impatience l'apparition... — Je pense qu'il descendra tout à l'heure si ses épreuves le lui permettent, mais je n'oserais trop l'affirmer...

Puis la jeune femme, reprenant la conversation interrompue, dit à l'un de ses visiteurs, homme grave et plus que mûr, dont le crâne absolument chauve faisait penser vaguement à un œuf d'autruche :

— Je ne perds point de vue la requête que vous avez bien voulu m'adresser, cher monsieur de Valville... — Vous recevrez dans quelques jours cinquante petits vêtements complets pour les enfants des pauvres de votre arrondissement...

— Je vous remercie, madame, au nom de ceux qui souffrent et ne s'adressent jamais en vain à votre inépuisable générosité... — répliqua l'homme chauve.

— Monsieur de Simiers, — poursuivit la comtesse en souriant à un second personnage, non moins grave et presque aussi chauve que le premier — j'ai fait remettre ce matin un ballot de linge et de vêtements à l'asile de bienfaisance dont vous êtes un des protecteurs...

— Que d'actions de grâces, madame... l'émotion me suffoque... — murmura M. de Simiers d'un air attendri.

— Ah ! madame la comtesse, — s'écria le vicomte

de Chazay, un assez beau garçon de trente ans, un peu trop content de lui-même, — combien je regrette de ne faire partie d'aucune société philanthropique, afin de solliciter votre collaboration à mes œuvres... — Il me serait doux d'apporter à vos pieds les bénédictions dont votre nom doit être entouré...

— Je ne fais que mon devoir de femme riche, mon cher vicomte... — répliqua Marie de Vergis. — J'offre à ceux qui manquent de tout une part de mon superflu... C'est plus que naturel, c'est presque insuffisant... — Je ne réclame ni bénédictions, ni remerciement, ni reconnaissance...

— Peut-être avez-vous raison de ne point les réclamer, tout en les méritant — reprit sentencieusement M. de Chazay, — car il arrive parfois qu'en semant les bienfaits on ne récolte que l'ingratitude...

— Mon cher vicomte, vous calomniez le genre humain...

— Madame la comtesse, je pense le bien connaître, et j'affirme qu'à de rares exceptions près, le fond de la nature humaine est ingrat...

— Je le nie ! — dit vivement Marie de Vergis, — et j'en appelle à monsieur de Fossaro.

— Moi, madame — répliqua César — je crois à la reconnaissance, et j'affirme d'ailleurs qu'il faut faire le bien, comme vous, dût-on ne rencontrer que l'ingratitude... — Je vous admire profondément, madame la comtesse et, sans les habitudes absorbantes de la vie mondaine, je suis convaincu que j'irais très loin dans les voies du renoncement évangélique et de la charité chétienne...

— Vous, monsieur le baron !... — fit madame de Vergis d'un ton surpris, avec un sourire presque moqueur.

— Mais oui, madame, parfaitement moi ! — répliqua Fossaro. — Tel que vous me voyez, je ne serais pas autrement surpris de finir ma vie sous un froc de Dominicain, de Trappiste ou de Chartreux...

— Vous conviendrez au moins que c'est invraisemblable...

— Pourquoi donc ? — Il y a des moments où, tout sceptique endurci que je sois, mon front s'incline sous un rayon de lumière qui vient le toucher à l'improviste... — Malheureusement l'impression s'efface vite, mais elle ne tarde point à renaître...

César attacha sur la figure quasi-virginale de la comtesse un regard d'une étrange fixité et poursuivit :

— Ainsi, tout à l'heure, revenant du quartier de l'Odéon, je passais devant l'église Saint-Sulpice...

» J'avais, sans savoir pourquoi, l'esprit morose, l'âme sombre, le cœur endolori ! — une de ces tristesses vagues, qui naissent à certaines heures et auxquelles on ne pourrait assigner de motifs, s'emparait de moi...

» L'idée me vint aussitôt que je retrouverais dans

le lieu saint le calme de mon âme et l'équilibre de mon esprit.

» Je fis arrêter ma voiture, je gravis les degrés, je franchis le seuil de l'église...

— Et cela se passait tout à l'heure? — demanda la jeune femme sans le moindre trouble apparent.

— Tout à l'heure, oui, madame... — en me rendant à votre hôtel, — répondit César.

XXIV

— Il est singulier que nous ne nous soyons point rencontrés — dit alors madame de Vergis du ton le plus naturel ; — je me trouvais à Saint-Sulpice en même temps que vous ; j'y suis restée dix minutes environ, et les fidèles étaient en trop petit nombre pour nous empêcher de nous reconnaître.

— En effet — répliqua César — je n'ai vu que quelques personnes pieuses à l'entrée des chapelles, autour des confessionnaux, et une femme du monde tout en noir, agenouillée dans la nef, près du sanctuaire, en face du maître-autel, priant avec une ferveur édifiante et cachant son visage entre ses mains...

— Cette femme du monde, que vous avez bien voulu trouver édifiante — fit la comtesse en souriant — c'était moi...

— Combien je regrette, madame, de ne vous avoir point devinée...

— Pourquoi donc?

— Je me serais approché de vous pour vous demander humblement de m'apprendre comment on prie...

— Je vous aurais répondu d'élever votre âme et que la prière viendrait d'elle même sur vos lèvres...

Après un court silence, la comtesse ajouta :

— Vous êtes resté longtemps dans l'église?...

— Un quart d'heure à peu prés... — et, quand je suis sorti, mon espérance s'était réalisée... — Le silence profond régnant sous les hautes voûtes et les vagues senteurs d'encens refroidi flottant dans l'atmosphère m'avaient rendu la paix...

Pas un muscle du visage de madame de Vergis ne tressaillait. — Un calme impénétrable régnait sur ses traits charmants.

Elle reprit :

— Cette solitude, dont vous avez ressenti l'impression solennelle, exerce sur moi une attraction irrésistible... — Je préfère le silence du saint lieu aux bruyantes splendeurs des cérémonies du culte... — Je choisis, pour parler à Dieu, les moments où rien ne vient me distraire...

— Comme je comprends cela ! — s'écria Fossaro. —Quand les églises sont pleines de bruit, quand des milliers de cierges inclinent leurs flammes sous les fumées des encensoirs et que les grandes voix des orgues s'élèvent, on ne vient plus à l'église pour y remplir un pieux devoir... — On y afflue ainsi qu'au théâtre pour entendre des chants... — Ils sont nombreux ceux qui, considérant le temple comme un lieu profane, s'y rendent dans un but de curiosité, de coquetterie, et parfois même y donnent des rendez vous d'amour...

— Des rendez-vous d'amour ! — répété la comtesse avec l'apparence d'une stupeur mêlée d'effroi.

— Oui, madame...

— Croyez-vous véritablement que ce soit possible ?...

— Je fais plus que le croire, j'en suis sûr...

— Vous avez vu ?....

— J'ai vu, oui, madame...

— Je ne discuterai donc pas, mais la seule pensée d'un tel sacrilège m'épouvante...

— Eh ! madame, — répliqua César en souriant, —les amoureux ne songent pas le moins du monde à commettre un sacrilège... — Ils agissent sans réflexion et sont inconscients de tout ce qui n'est point leur amour... Ils se rencontrent à l'église parce que la sainteté du lieu ne permet point de soupçonner leurs secrètes intelligences... — Cela s'est fait à toutes les époques... — Cela se faisait au moyen-âge, aussi souvent et plus souvent peut-être que dans notre siècle sceptique.

— Le plus ardent amour ne peut servir d'excuse à une si odieuse profanation... — dit froidement madame de Vergis... — Je plains de toute mon âme les insensés qui ont recours à tels moyens...

M. de Fossaro n'avait pas cessé d'observer la

comtesse pendant la conversation que nous venons de reproduire.

— Cette femme est calomniée... — pensait-il. — Si elle était adultère, aucune créature humaine ne serait capable de pousser aussi loin la dissimulation...

Deux des visiteurs qui avaient précédé César se levèrent pour prendre congé.

La porte du salon s'ouvrit et le valet de chambre annonça :

— Monsieur de Trois-Monts.

Arnold de Trois-Monts était un beau garçon de vingt-cinq ou vingt-six ans, d'une élégance superlative.

Nos lecteurs l'ont entrevu déjà, sans le savoir, dans l'église Saint-Sulpice ou nous l'avons montré s'agenouillant sur le prie-Dieu que la comtesse venait de quitter, et retirant de la cachette pratiquée sous le velours une lettre déposée pour lui.

Il salua madame de Vergis qui l'accueillit avec une politesse un peu cérémonieuse, serra la main du baron de Fossaro qu'il connaissait, et s'inclina froidement devant les autres personnes présentes.

— N'aurai-je pas le plaisir de voir M. de Vergis ? — demanda-t-il.

— Mon mari est enfermé dans son cabinet où il corrige les épreuves de son grand ouvrage... — répondit la comtesse ; — Avez-vous quelque chose de particulier à lui dire ?

— J'ai à lui remettre quelques notes relatives à mon dernier voyage en Italie, notes dont il a bien voulu me demander communication...

— Je vais le faire prévenir...

La conversation se généralisa pendant quelques minutes puis César, convaincu que madame de Vergis était un ange et la lettre anonyme une lâche infamie, mais bien décidé néanmoins à établir une surveillance autour de la comtesse, prit congé et partit en compagnie des autres visiteurs, laissant madame de Vergis seule avec M. de Trois-Monts.

Un éclair s'alluma dans les prunelles des deux personnages, mais leur attitude ne se modifia point.

Ils ne se rapprochèrent pas l'un de l'autre, et quelqu'un qui les aurait vus sans les entendre n'aurait pu soupçonner entre eux autre chose qu'un échange de paroles banales.

Et cependant Marie de Vergis, tout en jouant de l'éventail, demandait d'une voix basse et fiévreuse :

— Vous avez trouvé mon billet?...

— Je l'ai trouvé, puisque j'accours, — répondit le jeune homme, — mais je ne l'ai pas compris, ce billet pressant, obscur, plein de réticences inquiétantes... — Que se passe-t-il donc?...

— Arnold — mumura la comtesse, — la faute que vous m'avez fait commettre me portera malheur... — Je suis perdue...

— Perdue!... — répéta M. de Trois Monts stupéfait.

— Oui.

— Expliquez-vous, Marie, je vous en conjure...
— Vos paroles, comme votre billet, m'épouvantent sans m'éclairer...— Quel danger vous menace?...

— Ici je ne puis rien vous dire...— J'ai peur d'être épiée...

— Et, cependant, je veux savoir...— Quand vous verrai-je?

— Cette nuit...

— Où?

— Au lieu habituel de nos rendez-vous...

— L'heure?

— Celle où je pourrai sortir...

— A partir de dix heures du soir, je vous attendrai...

— C'est convenu... — Silence!...

Le valet de chambre entrait dans le salon...

— M. le comte — fit-il — prie monsieur de Trois-Monts de vouloir bien venir le rejoindre dans son cabinet...

Arnold se leva et dit en s'inclinant devant la comtesse :

— Pardonnez-moi, madame, de vous quitter si vite... — Je ne puis faire attendre mon illustre ami dont le temps est précieux...

Marie salua cérémonieusement, sans répondre, et M. de Trois-Monts suivit le valet de chambre.

Le cabinet de travail du comte était situé au premier étage, dans une aile du vaste hôtel, et fort éloigné de l'appartement de la comtesse.

M. de Vergis se leva pour recevoir Arnold et s'écria, en lui serrant la main :

— Soyez le bienvenu, mon cher enfant !... — Mais il faut que je vous gronde !...

— A quel propos, monsieur le comte? — Demanda le jeune homme avec un sourire.

— A propos de la rareté de vos visites...

— Si je ne viens pas plus souvent, j'ai une excuse...

— Laquelle?

— Connaissant l'importance des occupations qui vous absorbent, je crains d'être indiscret...

— Vous ne pouvez pas l'être... — Mon cabinet vous est toujours ouvert et j'interromps avec plaisir, pour vous recevoir, des travaux que vous êtes digne de comprendre et que vous sauriez partager... Je vous aime, Arnold, vous le savez, et je vous regarde un peu comme un fils...

M. de Trois-Monts ne répondit pas.

La confiante et chaude sympathie de l'homme qu'il trompait lui causait un malaise indéfinissable.

Le comte poursuivit :

— Vous dînez avec nous, n'est-ce pas ?..

— Impossible... à mon grand regret...

— Pourquoi?

— Une invitation antérieure...

— Bien vrai?

— Je vous l'affirme... — Je suis venu tout exprès

pour vous remettre les notes que vous m'aviez fait l'honneur de me demander... — Les voici, et maintenant je prends congé de vous...

— Vous me quittez, si vite !...
— Il le faut... — j'ai un rendez-vous...
— Rendez-vous d'affaires ?
— Non...
— D'amour alors ?
— Peut-être...
— C'est de votre âge... — Je n'insiste pas et je me ferais scrupule de vous retenir ; mais trouvez le moyen, je vous en prie, de venir plus souvent passer quelques heures avec nous... — Je vous répète que je ressens pour vous une tendresse toute paternelle... — J'avais pour votre sainte mère un culte respectueux, et votre père était mon ami... — L'affection qu'ils m'inspiraient s'est reportée sur vous... — Si vous étiez moins riche j'aurais voulu vous le prouver en mettant ma fortune à votre disposition... — Malheureusement vous n'avez pas besoin de moi, mais, moi, j'ai besoin de vous... — Quand je passe trop longtemps sans vous serrer la main il me manque quelque chose et, si j'avais la preuve que vous voyiez en moi un indifférent, j'en souffrirais beaucoup... — Ne soyez point ingrat, cher enfant... tâchez de vous souvenir qu'ici l'on vous attend sans cesse et l'on vous désire toujours...

L'embarras d'Arnold redoublait.

La profonde affection du vieillard, exprimée

d'une façon si simple et si touchante, mettait le jeune homme au supplice.

Arnold avait quitté son siège.

— Adieu monsieur le comte... — fit-il.

— Non, pas *adieu*, répliqua M. de Vergis, — mais *au revoir*, et à bientôt j'espère...

— A bientôt, je vous le promets...

Le visiteur quitta l'hôtel de l'avenue de Villars sans revoir la comtesse, et attendant avec une impatience fiévreuse l'heure du rendez-vous où il pourrait savoir enfin quel péril menaçait son bonheur

Le comte se plongea de nouveau dans les épreuves de son grand ouvrage.

Il tâchait de chasser, à force de travail, les orages et les angoisses que la lettre anonyme, mise par nous sous les yeux de nos lecteurs, avait fait naître au fond de son âme.

*
* *

Blanche Renée, la fille de Pierre Carnot, avait, nous le savons, reçu un billet de Malpertuis lui indiquant l'heure à laquelle elle devrait se présenter, sous le nom d'*Adrienne*, chez le docteur Antonin Frébault agissant pour le compte de la duchesse de Chaslin.

Il y a loin de Belleville à la rue de Verneuil ; aussi vers cinq heures la jeune fille, mise très modestement mais avec un goût irréprochable, quitta le petit chalet de la rue Compans et prit l'omnibus qui devait par correspondance la conduire au pont des Saint-Pères, non loin de la demeure du médecin.

A six heures précises elle sonnait à la porte indiquée.

Un valet de chambre très correct vint lui ouvrir.

— Monsieur le docteur Frébault? — demanda-t-elle.

Au lieu de répondre le domestique questionna.

— Est-ce pour une consultation? — fit-il.

— Non, monsieur... — je suis la personne que M. le docteur attend...

— Mademoiselle Adrienne alors, de la part de M. Malpertuis?

— Oui, monsieur.

— Veuillez me suivre, mademoiselle...

Le valet conduisit Blanche au cabinet de son maître, et annonça :

— Mademoiselle Adrienne...

Antonin Frébault lisait.

Il posa son livre, se leva et fit quelques pas au-devant de la jeune fille qui, comprenant que sa destinée allait se décider peut-être, et très émue, rougissait sans en avoir conscience.

En sa qualité de viveur nocturne, lancé dans le monde galant, le médecin de la duchesse de Chaslin connaissait toutes les filles à la mode.

Ses yeux étaient blasés comme son palais, et le

plus joli visage, aussi bien que la bisque la plus savoureuse, le laissaient sinon calme, du moins sans enthousiasme.

En face de Blanche il ne fut maître ni de son étonnement ni de son admiration, qui se manifestèrent par cette exclamation trois fois répétéé :

— Ah! sapristi! sapristi! sapristi!...

XXV

Après avoir ainsi payé son tribut à l'humaine faiblesse, le docteur se mordit les lèvres et se hâta de rentrer dans le rôle qu'il s'était imposé et dont il regrettait d'être sorti, ne fût-ce qu'un instant.

L'expérience manquait à Blanche d'une manière absolue, mais son intelligence était trop développée pour qu'elle ne s'aperçût pas de l'impression qu'elle venait de produire.

Elle se sentit joyeuse et fière, et ce premier succès lui rendit son assurance habituelle.

Il lui parut opportun cependant de ne rien changer à la timidité de son attitude.

Elle leva ses beaux yeux sur le médecin et elle attendit.

— Je suis heureux de vous recevoir, mademoiselle... — dit-il pour entamer l'entretien.

Blanche s'inclina modestement.

Antonin Frébault poursuivit, en avançant un fauteuil :

— Veuillez vous asseoir, mademoiselle, et causons... — M. Malpertuis, qui vous envoie, vous a sans doute expliqué de quoi il question?

— Oui, monsieur... — répliqua la jeune fille. — Il est question d'une place que M. Malpertuis cherche pour moi depuis longtemps, que j'attends avec impatience, et qu'il croit avoir trouvée... — Je sais cela sans détail...

— Vous désirez obtenir un emploi de demoiselle de compagnie?

— En effet, monsieur, mais encore faut-il que la maison dans laquelle cet emploi me sera offert me convienne...

— Qu'entendez-vous par là, mademoiselle?

— J'entends, monsieur, qu'il ne me plairait point d'entrer dans une maison bourgeoise où les idées étroites et sans élévation ne sympathiseraient pas avec les miennes... — Je veux monter et non descendre...

— Il suffit de vous voir — répliqua le docteur avec galanterie — pour comprendre que dans certains milieux vous ne vous sentiriez point à votre place... — Rassurez-vous d'ailleurs, la famille dont je suis le fondé de pouvoirs est l'une des premières de France... — Vous seriez attachée à la personne de madame la duchesse de Chaslin...

— Ceci, monsieur, comblerait mes désirs... — Le contact habituel d'une grande dame ne peut qu'élever mon âme et développer mon intelligence...

Antonin Frébault rayonnait en écoutant Blanche.

Les réponses de la jeune fille auraient dû lui paraître prétentieuses, mais elles étaient faites d'un ton si simple, d'une voix si harmonieuse, et par une si jolie bouche, qu'il se contentait d'admirer sans analyser.

Complètement sous le charme, il se disait :

— Du premier coup je trouve une perle !... — Ces choses-là n'arrivent qu'à moi !...

Il reprit :

— M. Malpertuis m'a vanté vos talents, mademoiselle, et je suis convaincu qu'il n'a rien exagéré...

— Que vous-a-t-il dit ?... — demanda Blanche en souriant.

— Mais, d'abord, que vous étiez excellente musicienne et douée d'une voix charmante...

— Je chante et je joue du piano, c'est vrai...

— Que vous parliez couramment plusieurs langues...

— L'anglais, l'espagnol et l'italien, voilà tout...

— Peste ! c'est déjà joli !...

— Mon protecteur n'avait pas encore perdu sa fortune quand il m'a recueillie, orpheline et toute enfant... — Comptant sans doute assurer mon avenir, il m'a fait donner l'éducation des jeunes filles riches de l'aristocratie anglaise... — J'ai donc acquis certains talents bien peu d'accord avec la modestie de ma situation... — Ainsi, par exemple, je monte à cheval... ce qui me permettrait d'accompagner madame la duchesse, si l'équitation est dans ses goûts...

— C'est une distraction qui malheureusement vous fera défaut. — répliqua le docteur. — L'état de santé de madame de Chaslin ne lui permet pas de quitter son hôtel... — Elle a besoin d'être très entourée, c'est pour cela qu'elle souhaite avoir auprès d'elle une jeune fille qui soit moins sa demoiselle de compagnie que son amie... — Cette jeune fille doit par conséquent réunir des qualités bien rares et que je trouve en vous... — Je suis certain que vous réaliserez l'idéal de la duchesse...

— Je puis répondre d'une chose, monsieur, c'est de ma bonne volonté... — Je ferai de mon mieux...

— Avez-vous été déjà demoiselle de compagnie?

— Non, monsieur, et c'est l'absolu besoin de gagner ma vie qui m'oblige à entrer au service...

— Ah! — s'écria le docteur — de quel mot vous servez-vous là, mademoiselle!...

— Du mot exact, puisqu'il exprime la situation d'une personne dépendante et salariée... — Je ne rougirai d'ailleurs, croyez-le bien monsieur, ni de la dépendance, ni du salaire...

— Vous habitiez Londres?

— C'est là que j'ai été élevée... — J'y conserve des amis, et je suis à même de fournir à madame de Chaslin les références qu'elle souhaiterait...

— Inutile, mademoiselle... — Il suffira que vous

soyez présentée par moi pour que toute enquête devienne superflue... — La duchesse est une nature d'élite, une âme délicate, un cœur d'or; — elle se gardera bien de raviver par d'indiscrètes questions le chagrin résultant sans doute de la perte de parents aimés, et de revers de fortune...

Blanche ne répondit point.

Elle se contenta de prendre une physionomie de circonstance, et deux belles larmes mouillèrent ses paupières.

Antonin Frébault, très ému, aurait donné beaucoup pour les essuyer lui-même.

Il n'osa pas, et poursuivit :

— Vous êtes, dès à présent, tout à fait libre ?

— Tout à fait, oui monsieur.

— Par conséquent, si madame de Chaslin vous agrée, — ce qui n'est point douteux, — vous pourrez, dès demain, prendre possession de votre emploi?

— Oui, monsieur.

— Eh bien! voulez-vous venir à l'instant avec moi à l'hôtel de Chaslin, afin que je vous présente à la duchesse ?

Blanche, en entendant cette proposition que pourtant elle devait prévoir, frissonna comme elle avait frissonné déjà en lisant le billet de Malpertuis, et pendant la dixième partie d'une seconde elle hésita.

Aller si vite en besogne l'effrayait quand la partie qu'il fallait jouer était si sérieuse...

Antonin Frébault s'aperçut de ce qui se passait en elle, mais sans se l'expliquer.

— Hésiteriez-vous? — demanda-t-il.

— Je l'avoue...

— Pourquoi?

— Je ne m'attendais pas à faire aujourd'hui la démarche dont il s'agit, et je crains que ma toilette ne soit bien négligée pour me présenter convenablement à madame la duchesse de Chaslin.

Le docteur sourit.

— Je sais qu'un tantinet de coquetterie ne messied pas à une jolie personne, — fit-il, — mais permettez-moi de vous dire respectueusement que vous êtes charmante ainsi, et que votre toilette vous va le mieux du monde...

Nous avons constaté déjà nous-même que Blanche était vêtue avec une simplicité d'un goût exquis.

— S'il en est ainsi — dit-elle en rougissant un peu — et quoique votre bienveillance vous abuse peut-être, je suis prête à vous suivre.

— Très bien... — J'aime les affaires enlevées d'assaut.

Le docteur avait au mois deux voitures.

L'une, qui faisait son service de jour ; — l'autre, qui l'attendait à la porte des restaurants de nuit, des théâtres, des belles-petites, et généralement de tous les endroits où l'on s'amuse.

Antonin Frébault frappa sur un timbre et demanda à son valet de chambre :

— Baptiste est-il là avec le coupé ?

— Oui, monsieur le docteur...

— Venez donc, mademoiselle...

Blanche s'assit à côté de son introducteur dans la voiture qui prit au grand trot la direction de l'hôtel de Chaslin.

Durant le trajet la jeune fille resta silencieuse, repassant mentalement son rôle.

Le coupé s'arrêta.

Le docteur fit descendre sa compagne et, lui offrant le bras, il traversa avec elle la cour de l'hôtel dont les fenêtres étaient déjà éclairées.

Il l'introduisit dans le vestibule monumental tendu de tapisseries des Gobelins et meublé de vieux chêne, puis dans un salon d'attente où il la laissa en lui recommandant de prendre patience, et il se fit annoncer chez la duchesse.

En franchissant le seuil de cette demeure princière, Blanche sentit comme un frisson courir sur sa chair.

Elle se rappela les paroles de Pierre Rédon — ou plutôt du baron César de Fossaro.

De même que les sorcières avaient crié jadis, sur les bruyères écossaises :

— Matbeth, tu seras roi !

De même le borgne avait dit à Blanche :

— Tu seras duchesse et millionnaire !

Il semblait à la jeune fille qu'un monde nouveau

s'ouvrait devant elle, et qu'elle prenait possession d'un héritage attendu longtemps...

Le luxe grandiose qui pour la première fois frappait ses regards ne la surprenait pas. — Elle croyait le reconnaître.

Elle l'avait déjà vu en effet, mais dans ses livres et dans ses rêves.

Blanche s'assit et fit appel à tout son sang-froid.

Son cœur battait à rompre sa poitrine ; — une angoisse intolérable s'emparait de son être entier et grandissait de seconde en seconde.

Serait-elle acceptée ?

Devant qui devait-elle paraître d'abord ?

Allait-elle voir le duc ?

Quelle impression produirait-elle sur cet homme qu'elle avait mission d'enchaîner à ses pieds ?...

Toutes ces questions tourbillonnaient à la fois dans le cerveau de Blanche, et lui causaient une sorte de vertige.

Les domestiques trouvaient des prétextes pour traverser le salon d'attente, et ils jetaient des regards curieux sur cette jeune fille dont la merveilleuse beauté et l'attitude tout à la fois très simple et presque hautaine les étonnait.

Une femme âgée déjà, la nourrice d'Hélène, remplissant dans l'hôtel les fonctions de femme de charge et de femme de chambre, et profondément dévouée à la duchesse de Chaslin, passant dans le salon par hasard vit Blanche et, frappée de stupeur à son tour, s'arrêta devant la jeune fille.

— Vous désirez sans doute une audience de madame la duchesse, mademoiselle — lui demanda-t-elle — et vous attendez une réponse?

— Non, madame — répliqua Blanche en se troublant malgré son aplomb sous le regard scrutateur fixé sur elle et paraissant vouloir descendre jusqu'au fond de son âme. — J'ai été amenée par M. le docteur Frébault...

— C'est bien... — dit la femme de charge — pardon, mademoiselle...

Et elle sortit.

En s'éloignant elle murmurait :

— Le docteur Frébault... — Alors, cette poupée, c'est la demoiselle de compagnie qu'il cherche pour la duchesse... — Trop jolie pour une demoiselle de compagnie... — je n'aime pas ses yeux... — C'est mauvais dans une maison, une fille si belle ! — Ça porte malheur !...

Antonin avait été introduit sur-le-champ près de la duchesse.

Madame de Chaslin attendait l'heure du dîner dans un boudoir voisin du grand salon en compagnie de son mari et du vicomte Armand de Logeryl, substitut du procureur de la République et fiancé d'Hélène.

— Pardonnez-moi d'arriver si tard, madame la

duchesse... — dit Antonin. — J'ai mon excuse... — J'avais hâte de vous voir...

— Vous êtes le bienvenu toujours, — répliqua madame de Chaslin — et vous le serez particulièrement ce soir si vous venez dîner avec nous...

— Impossible, madame... impossible, hélas ! — Je suis engagé... j'ai promis... — Je viens vous rendre compte d'une mission que vous m'avez fait l'honneur de me confier, et je me sauve...

— Avez-vous enfin mis la main sur l'oiseau bleu que vous nous promettez depuis quelques jours ? — demanda le duc avec un bon sourire.

— Positivement, et dans le feu de mon enthousiasme je n'ai pas voulu attendre jusqu'à demain pour vous l'annoncer...

— Comment ! vous êtes si enthousiaste que ça, vous, l'homme froid par excellence ?? — s'écria le duc.

— Ma foi, oui, et plus encore...

— Sérieusement ?

— Monsieur le duc, je vous en donne ma parole !...

— Vous avez donc trouvé une merveille ?...

— Mieux qu'une merveille...

— Ah ! bah !

— Oui, monsieur le duc, le Phénix !... — Les merveilles sont rares, mais enfin il y en a quelques unes... — Le Phénix n'existe qu'à un seul exemplaire !... — C'est celui que j'ai déniché !...

XXVI

Le docteur Frébault poursuivit avec une chaleur croissante :

— Beauté, modestie, distinction, éducation irréprochable, ma trouvaille réunit tout !... Il me faudrait dix bonnes minutes pour énumérer par le menu les qualités de cette jeune fille...

— Et ses défauts ?... — fit M. de de Logeryl en riant.

— Elle doit en avoir... — Qui n'en a pas ?... — Mais je ne les crois point nombreux.

— Quel âge a-t-elle ?... — demanda la duchesse.

— Vingt ans.

— Et vous dites qu'elle est jolie ?

— Une madone, madame la duchesse... — Jamais visage ne fut plus sympathique... Jamais voix plus harmonieuse... Jamais maintien plus correct...

— Ses parents ?...

— Elle n'en a plus... — La pauvre enfant est orpheline... — Il existe dans son passé des douleurs profondes, chagrins de famille, blessures mal cicatrisées... — Tout à l'heure un mot imprudent dit à ce sujet par moi a suffi pour lui causer une émotion cruelle et mettre des larmes dans ses yeux...

— Nous aurons soin de ménager cette sensibilité touchante... — Votre protégée sait-elle un peu d'anglais ?

— Elle parle l'anglais, l'espagnol et l'italien aussi bien que sa langue maternelle... — Elle joue du piano en musicienne consommée et chante en artiste...

— Tout cela, docteur, c'est la réalisation de mon rêve... — dit la duchesse avec un sourire... — Quand verrai-je cette jeune fille ?...

— Aujourd'hui même, madame — répondit Antonin.

— Ce soir, alors ?

— Avant ce soir...

— L'auriez-vous donc amenée avec vous ?

— Oui... — Je l'ai laissée dans le salon d'attente, ne voulant pas vous la présenter sans votre autorisation...

— Il fallait le dire toute suite, cher docteur... — Allez la chercher bien vite...

Antonin Frébault, radieux, s'élança hors du salon avec une vivacité de jeune homme.

Blanche attendait impatiemment son retour.

Elle se leva en le voyant entrer.

— Eh bien, monsieur ? — murmura-t-elle.

— Eh bien, mon enfant, la duchesse et le duc vous demandent... Venez.

La jeune fille fut prise d'un tremblement soudain.

— Sapristi ! point d'émotion !... — poursuivit le docteur — Que diable pourriez-vous craindre ?... — Vous avez tout pour vous... — N'allez pas compromettre vos avantages par une frayeur intempestive ! — Donnez-moi le bras et venez... — Rien n'est plus sot que de se faire attendre...

Blanche se raidit contre le trouble qui l'envahissait ; — elle se commanda d'être calme, posa sa petite main sur le bras du docteur et se laissa conduire.

Ce dernier ouvrit la porte du grand salon, et tous deux en franchirent le seuil.

La nuit était complètement venue.

Les vingt bougies de deux candélabres placés sur la cheminée très haute n'éclairaient qu'une faible partie de la vaste pièce.

Lorsque Blanche, sortant de la pénombre, entra dans le cercle lumineux, les clartés vives illuminèrent son visage et, se jouant dans ses cheveux blonds, firent à son front comme une auréole.

Le duc se pencha vers M. de Logoryl, son gendre futur, et lui glissa dans l'oreille ces mots :

— Le docteur avait raison, c'est une tête de madone !

La jeune fille fit quelques pas encore, puis s'arrêta, timide, rougissante, incomparablement gracieuse, et fit à la duchesse une révérence de la bonne école, une révérence de fille d'honneur admise en présence de la reine.

Ensuite, se tournant vers le duc et M. de Logeryl, elle les salua, mais beaucoup moins bas, avec une admirable nuance d'humilité sans servilité.

Sous ses longs cils baissés chastement Blanche voyait, ou plutôt sentait les regards de M. de Chaslin fixés sur elle avec une admiration manifeste, et son cœur battait très fort.

Antonin Frébault était radieux de voir sa protégée produire l'effet sur lequel il comptait.

Tout à coup il s'aperçut que le bras de la jeune fille tremblait de nouveau sur le sien.

— Du courage donc ! — lui dit-il à voix basse... — tout va bien...

Puis s'adressant à madame de Chaslin, il poursuivit :

— J'ai l'honneur, madame la duchesse, de vous présenter mademoiselle Adrienne, qui serait bien heureuse si vous daigniez l'admettre à remplir auprès de vous l'emploi de demoiselle de compagnie...

— Approchez, mon enfant... — fit la malade avec le plus charmant sourire. — Présentée par notre cher docteur toutes nos sympathies vous étaient d'avance acquises... — Il suffit de vous voir pour être sûr que vous les méritez.

Blanche releva la tête et, d'un air modeste mais d'une voix agitée, répondit :

— Oh ! madame, il me fallait ces bonnes paroles pour calmer mon émotion et pour me donner le courage d'arrêter mes yeux sur vous... — J'ai perdu tous ceux qui m'aimaient... — Je suis seule au monde, madame... C'est triste, à mon âge, et c'est dangereux. — Je ne sais si je mérite le bien que monsieur le docteur vous a dit de moi, mais je n'ai point le cœur d'une ingrate et, si vous daignez m'admettre à vivre auprès de vous, je vous aimerai de toute mon âme, et toute ma vie je serai reconnaissante...

Cette effusion admirablement jouée, ce langage simple et touchant, causèrent une impression profonde sur les témoins de cette petite scène.

Le docteur rayonnait de plus en plus.

Armand de Logeryl trouvait la jeune fille exquise.

Le duc éprouvait un trouble dont il ne cherchait point à analyser la nature, et qui lui paraissait délicieux.

Madame de Chaslin, les paupières humides, fit signe à la nouvelle venue de s'asseoir à côté d'elle et lui tendit la main.

Blanche prit cette main patricienne, charmante de forme quoique amaigrie au point d'être presque diaphane, chargée de bagues éblouissantes, et la pressa contre ses lèvres.

— Adrienne, — dit ensuite la duchesse d'une voix

émue, — si, comme je le crois, je trouve en vous une fille tendre et dévouée je serai votre mère... — Bien jeune vous avez souffert; nous tâcherons de vous faire oublier vos chagrins... — Vous avez pleuré, nous sècherons vos larmes... — N'est-ce pas, Henry ?

Ces paroles s'adressaient au duc.

Blanche tourna vers lui ses grands yeux humides où sous le réseau des longs cils un feu voilé brillait, et parut l'implorer du regard.

Sous l'irrésistible rayon qui jaillissait de ces prunelles magiques le duc sentit un frisson effleurer son épiderme.

Tout le sang de ses veines afflua vers son cœur.

Il fit un effort pour se dominer, et à la question de la duchesse il répondit :

— Assurément nous applaudissons au choix de notre cher docteur, et nous ferons tout ce qui dépendra de nous pour rendre agréable à mademoiselle Adrienne le séjour de cet hôtel...

Ces paroles étaient banales, mais l'accent avec lequel elles avaient été prononcées leur donnait un sens très particulier.

Blanche le comprit si bien qu'elle tressaillit de joie.

— Alors, — reprit la duchesse, — c'est entendu. Ma chère Adrienne, vous voilà ma demoiselle de compagnie... ou plutôt l'enfant de la maison...

Blanche appuya de nouveau contre ses lèvres la main de Jeanne de Chaslin, en balbutiant :

— Oh ! madame, que vous êtes bonne ! !

La duchesse poursuivit :

— Il nous reste à régler une question délicate... — celle des appointements...

— Les appointements seront ce que vous voudrez, madame... — répondit Blanche. — Je n'ai ni prétentions, ni ambition... — J'ai obtenu ce que je souhaitais, puisque vous me gardez près de vous... — le reste m'importe peu... — Je ne tiens pas à l'argent...

— Il faut songer à l'avenir, mon enfant... — répliqua la duchesse avec un sourire. — La personne qui vous a précédée ici, une anglaise pleine de qualités, recevait trois mille francs.

— C'est plus que je ne mérite, madame la duchesse...

— Vous en toucherez six mille...

— C'est trop... c'est beaucoup trop...

— N'en parlons plus, la question est tranchée... — J'ajoute, pour mémoire, que je me charge de votre toilette... — Vous pourrez donc vous constituer peu à peu un capital modeste... — Je tâcherai que vos occupations ne soient point une fatigue... Vous causerez avec moi... Vous me ferez la lecture... De temps en temps vous vous mettrez au piano, car j'aime beacoup la musique, et vous aurez chaque jour deux ou trois heures de liberté...

— Ah ! madame la duchesse, — s'écria Blanche,

— une fille ne serait pas plus heureuse auprès de sa mère !...

— Je souhaite que vous pensiez toujours ainsi...

— Oh ! toujours !... toujours !...

— Quand voulez-vous entrer en fonctions ?...

— Quand vous voudrez madame... — Je suis prête...

—Demain, alors ?

— Oui, madame...

— Je vous attendrai donc à onze heures... — A demain, mon enfant...

Blanche s'était levée.

Elle allait s'incliner devant la duchesse.

Madame de Chaslin, l'attirant doucement à elle, l'embrassa sur le front.

La fausse Adrienne ne dit pas un mot, mais elle appuya son mouchoir sur ses yeux comme pour essuyer une larme.

Ce geste muet était plus éloquent que toutes les paroles.

Blanche suivit le docteur jusqu'à la voiture qui les avait amenés.

Il y monta avec elle.

— Où voulez-vous que je vous reconduise, mademoiselle ? — lui demanda-t-il.

— Tout simplement jusqu'à la plus proche station de fiacres, monsieur le docteur...

Antonin Frébault donna un ordre à son cocher et reprit :

— Eh bien ! êtes-vous contente ?
— Plus que contente !... heureuse !... bien heureuse !...
— Et vous avez raison... — la duchesse de Chaslin est la meilleure des femmes...
— Je l'ai jugée ainsi du premier coup d'œil...
— Le duc (avec lequel d'ailleurs vous aurez peu de rapports) est un homme excellent, un père de famille modèle... — Maison patriarcale d'où vous sortirez presque indépendante, car madame de Chaslin vous nommera sans aucun doute dans son testament... — Il aurait été impossible de trouver mieux pour vous... Bénissez donc votre étoile... — Nous voici à une place de fiacres... — Je vais vous quitter, mademoiselle, car je suis attendu, mais je vous reverrai demain auprès de la duchesse...
— A demain, monsieur le docteur, et merci...
La jeune fille descendit du coupé, monta dans un fiacre, et dit au cocher de la conduire à Belleville.
Au moment où Blanche sortait du salon en compagnie d'Antonin Frébault, madame de Chaslin s'était écriée :
— Ravissante enfant, n'est-ce pas ?...
— Ravissante à coup sûr ! — répondit M. de Logeryl.
— Je me suis sentie prise pour elle d'une sympathie soudaine... — Elle m'a inspiré à première vue le plus vif intérêt...
— Je suis convaincu qu'elle le mérite... — appuya

le substitut ; — un tel visage ne saurait mentir...

Le duc de Chaslin gardait le silence et n'entendait même pas les paroles échangées entre sa femme et son neveu.

Il s'était approché d'une fenêtre et il contemplait avidement, sous les feux du gaz, la forme svelte et élégante de la jeune fille traversant la cour au bras du docteur.

— Madame la duchesse est servie... — dit le maître d'hôtel, après avoir ouvert à deux battants la porte de la salle à manger.

Neuf heures du soir allaient bientôt sonner au moment où Blanche arriva au chalet de la rue Compans.

La certitude d'avoir merveilleusement joué son rôle exaltait sa vanité naturelle, et le succès obtenu la rendait triomphante.

Pierre Rédon l'attendait.

Elle lui raconta ce qui s'était passé.

Il la félicita de façon chaleureuse, lui donna des instructions nouvelles et, après avoir planté sous ses yeux les jalons du chemin qu'elle devait suivre en s'installant à l'hôtel de Chaslin, il regagna son logement de la rue Philippe-de-Girard, où Pierre Rédon le borgne redevenait l'élégant baron César de Fossaro.

Une heure après il se mettait au lit dans sa luxueuse chambre à coucher de la rue de Provence, et s'endormait en combinant des plans machiavéliques.

XXVII

Nous prions nos lecteurs de nous accompagner à l'hôtel de Vergis, à l'heure même où, rue de Provence, le baron César appelait le sommeil après une journée bien remplie.

L'hôtel était situé entre cour et jardin.

L'entrée principale — la grille d'honneur si l'on veut — donnait sur l'avenue de Villars.

Les jardins, très vastes et plantés d'ormes et de tilleuls deux fois séculaires, s'étendaient jusqu'au boulevard des Invalides dont une muraille d'enceinte, haute de trois mètres à peu près, les séparait.

Dans la muraille se trouvait percée une petite porte bâtarde, presque cachée du côté de l'hôtel sous l'épaisseur des lierres.

Ce petit parc — charmante réduction du parc Monceaux, — offrait un adorable enchevêtrement d'allées et de sentiers tournant autour des pelouses ombreuses.

Le comte et la comtesse, lorsqu'ils se trouvaient à Paris pendant l'été, y passaient habituellement le soir quelques heures.

A l'époque où commence notre récit les arbres n'étaient pas encore complètement dépouillés de leur parure, mais l'automne rougissait déjà les feuillages que la première gelée blanche d'octobre devait emporter.

La demie après onze heures du soir sonnait à l'horloge des Invalides.

M. de Vergis, en quittant son cabinet de travail et avant de gagner sa chambre à coucher, passa chez la comtesse.

Il trouva Marie accoudée au balcon d'une fenêtre ouverte sur le jardin.

Au bruit des pas du comte foulant l'épais tapis, madame de Vergis se retourna d'un mouvement brusque.

Son visage était contracté. — Une sorte d'égarement se lisait dans ses yeux.

— Etes-vous souffrante, chère enfant? — demanda le comte avec inquiétude.

Marie appela sur ses lèvres un sourire et répondit :

— Souffrante, non, mais brisée de fatigue... — J'ai eu du monde tout l'après-midi, et je n'étais pas d'humeur à trouver aujourd'hui charmants les lieux communs de la conversation... — Cela fait mal aux nerfs d'entendre les mêmes choses répétées cent fois de suite, presque dans les mêmes termes, par des indifférents...

— Vous avez reçu tantôt la visite d'Arnold de Trois-Monts...

La jeune femme détourna la tête pour cacher la rougeur qui montait à ses joues.

— M. de Trois-Monts — répliqua-t-elle — n'a passé que quelques minutes au salon... — Ce n'était pas pour moi qu'il venait, mais pour vous...

— Rangez-vous Arnold dans la catégorie des indifférents dont vous parliez tout à l'heure ?... — fit M. de Vergis du ton le plus naturel.

Marie devint un peu pâle.

— Mais sans doute... — murmura-t-elle en s'efforçant d'affermir sa voix. — Pourquoi ferais-je une exception en sa faveur?...

— Parce que j'en fais une... — Trois-Monts, quoi qu'il soit riche, n'est point un inutile, un gommeux, un joli fantoche à tête vide ; c'est un travailleur, un observateur, un garçon sérieux que j'ai toujours aimé et que j'aime encore comme un fils... — Je lui ai reproché la rareté de ses visites... — Il m'a promis de venir plus souvent, mais je crois qu'il n'en fera rien...

— Vous croyez cela ?... — répéta Marie presque machinalement.

— Oui.

— Pour quelle raison ?

— J'ai cru remarquer que vous ne témoigniez

aucune sympathie à M. de Trois-Monts, et que votre accueil était des plus froids... — S'il a fait la même remarque et s'il en conclut qu'il vous déplaît, ce qui est d'une logique indiscutable, cela suffirait pour l'éloigner de notre maison...

— Il me semble que je suis avec lui comme avec tout le monde... — dit la comtesse.

— Je vous assure que c'est une erreur... — Je voulais retenir Arnold à dîner... — Il a décliné mon invitation sous un prétexte en l'air... — Je vous demande, ma chère Marie, de lui témoigner une bienveillance particulière la première fois qu'il viendra nous voir... — Le ferez-vous ?

— Je le ferai de mon mieux, pour vous obéir...

— Merci... — Et maintenant je dois me souvenir que vous êtes fatiguée... — Je vous laisse...

— Déjà !

— Il est tout près de minuit moins un quart... — Reposez-vous... — Bonsoir Marie...

— Bonsoir, mon ami...

En prononçant ces mots la jeune femme tendit en souriant son front à M. de Vergis.

Le comte la prit dans ses bras avec une sorte de fièvre et la pressa si violemment contre sa poitrine qu'il lui arracha un faible cri.

— Vous ai-je fait mal ?... — demanda-t-il d'une voix tremblante en desserrant aussitôt son étreinte.

— Non, mais vous m'avez surprise, et la respiration m'a manqué...

— Vous ne souffrez pas, bien vrai ?...

— Je vous le jure...

— Pardonnez-moi donc ma maladresse... et à demain...

— A demain...

M. de Vergis sortit du boudoir ; — quand la porte se fut refermée derrière lui, la comtesse tombant sur un siège courba la tête.

Elle demeura pendant quelque secondes immobile et comme absorbée ; puis elle se releva d'un mouvement brusque, en essuyant deux larmes qui se suspendaient à ses longs cils.

— Est-ce ma faute, à moi ? — balbutia-t-elle d'une voix éteinte. — J'ai lutté de toute mes forces, Dieu m'en est témoin, mais j'ai été vaincue... — Est-ce qu'on résiste à l'amour ?... — Quand il s'impose, que peut contre lui la volonté ? — Oh ! je sais bien que je suis lâche et criminelle... Je sais que j'aurais dû mourir plutôt que d'écouter cette voix qui m'attirait, qui me fascinait, qui me donnait le vertige... — J'ai tout oublié... je suis devenue fausse et menteuse, hypocrite et parjure... L'adultère s'est emparé de moi, corps et âme, et j'ai trouvé qu'acheter au prix d'un crime les ivresses qu'il me prodiguait, ce n'était pas les payer trop cher... — Ah ! comme aujourd'hui j'en suis punie ! !

Marie appuya son mouchoir sur ses lèvres pour étouffer les sanglots qui montaient de son cœur à sa gorge.

Ses larmes jaillirent avec abondance et diminuèrent un peu l'irritation nerveuse à laquelle elle était en proie.

Elle entra dans sa chambre à coucher et frappa sur un timbre.

La camériste, — une jeune fille d'une vingtaine d'années, — accourut, les yeux gros de sommeil.

— Justine, — lui dit Marie, — éteignez les lumières du boudoir, et ensuite allez vous reposer...

— Madame la comtesse ne veut pas que je la déshabille?...

— Non, mon enfant... — je me déshabillerai seule...

— Madame n'aura plus besoin de moi ce soir?

— Non... — Allez.

— Bonne nuit, madame la comtesse...

— Bonne nuit, mon enfant...

La jeune fille exécuta l'ordre que sa maîtresse venait de lui donner, et bientôt on l'entendit fermer les portes derrière elle en se retirant.

Madame de Vergis regarda la pendule de vieux Saxe placée sur la cheminée de sa chambre.

L'aiguille marquait minuit moins cinq minutes.

Marie se dirigea vers une des fenêtres, écarta successivement les lourds rideaux de brocatelle bleue doublés de soie blanche et les petits rideaux de guipure ancienne, puis tourna son regard vers les croisées de la chambre du comte.

Elles étaient encore éclairées.

— Il veille... — se dit la jeune femme; — il faut attendre...

Elle s'assit auprès des rideaux toujours entr'ouverts, les yeux fixés sur les fenêtres de l'appartement de son mari.

Dix minutes s'écoulèrent.

La lumière s'éteignit au bout de ce temps; — la façade de l'hôtel devint sombre.

La comtesse laissa retomber les rideaux, passa dans son cabinet de toilette, y prit une pelisse noire qu'elle jeta sur ses épaules, attacha sur sa tête un chapeau garni d'une voilette très épaisse, et en moins de quelques minutes se trouva prête à sortir.

Après avoir fermé au verrou les principales issues de sa chambre, elle glissa dans sa poche une petite clef, sortit par la porte du cabinet de toilette qu'elle ferma à double tour, et se trouva sur la première marche d'un escalier de service, dans une obscurité complète.

Lentement, avec des précautions infinies, elle descendit cet escalier garni d'un passage en moquette, et atteignit un couloir du rez-de-chaussée qu'une veilleuse en verre dépoli, suspendue au plafond, éclairait toutes la nuit.

Ce couloir aboutissait d'un côté au grand vestibule de l'hôtel; — de l'autre il conduisait au jardin.

C'est vers cette issue que Marie se dirigea, en redoublant de précautions.

Elle gagna la porte, la fit tourner sans bruit sur ses gonds, et sortit. — Une fraîche bouffée d'air extérieur la frappa en plein visage.

Sans hésiter, en femme habituée à ces sortes d'expéditions clandestines et nocturnes, elle s'enfonça sous les grands arbres.

Il n'y avait pas de lune, mais quelques étoiles brillaient au ciel et permettaient à la comtesse de se diriger dans le jardin rempli de ténèbres dont elle connaissait les moindres détours.

Son pas furtif, si léger qu'il fût, faisait craquer le sable des allées.

Un instant il lui sembla qu'on la suivait.

Elle s'arrêta, haletante, le cœur pris dans un étau, la sueur de l'angoisse aux tempes, et se retourna pour jeter un regard sur la façade de l'hôtel.

Cette façade était noire et silencieuse.

— J'avais mal entendu... — pensa Marie rassurée ; — tout dort...

Elle se trompait.

Une fenêtre du bâtiment des communs, attenant aux écuries et aux remises et qu'elle ne pouvait voir, masqué qu'il était par des massifs luxuriants, se trouvait ouverte et, au moment où Marie traversait l'espace sablé séparant l'hôtel des massifs dont nous venons de signaler l'existence, un homme s'accoudait à cette fenêtre, absorbé dans ses pensées, le regard errant sur les pelouses.

Personne n'ignore qu'au milieu du silence de la

nuit, le moindre bruit grandit considérablement.

Malgré les précautions prises par madame de Vergis, l'homme avait entendu la porte du couloir s'ouvrir et se refermer.

Il avait entrevu une ombre glissant sous les arbres, et distingué les craquements du sable sous un pas léger.

Cet homme quitta la fenêtre au moment précis où Maris de Vergis, se croyant suivie, s'arrêtait et se retournait.

Rapidement il descendit, ouvrit une porte fermée seulement au loquet et, faisant halte sur le seuil, tendit l'oreille vers les profondeurs du jardin.

Madame de Vergis s'était remise en marche; elle venait d'atteindre la porte bâtarde donnant accès sur le boulevard des Invalides.

Elle tira de sa poche la clef qu'elle avait prise avant de quitter son appartement, l'introduisit à tâtons dans la serrure et la fit lentement tourner.

Le serrure rouillée grinça; — la porte roula sur ses gonds.

Marie avança la tête et jeta un coup d'œil au dehors.

La boulevard des Invalides était désert et silencieux comme une voie d'Herculanum ou de Pompéi.

Les lampadaires à gaz, placés assez loin les uns des autres et dont un seulement sur deux était allumé, éclairaient faiblement les vastes solitudes.

La comtesse sortit, referma la porte derrière elle

à double tour, retira la clef et s'élança sur le boulevard.

Une seconde plus tard, l'homme que nous avons laissé aux aguets arrivait à son tour près de cette porte.

En la trouvant fermée, en entendant les pas qui s'éloignaient de l'autre côté du mur d'enceinte, il eut un geste de colère farouche ; mais il se calma soudain, avisa un arbre dont le tronc noueux semblait disposé pour servir d'échelle et dont les basses branches touchaient le haut de la muraille, s'élança avec une agilité de singe ou de clown et, en beaucoup moins de temps que nous n'en avons mis à le raconter, fut à cheval sur le chaperon.

Le temps était beau ; — la terre sèche ; — pas un souffle d'air n'agitait les feuillages.

L'homme entendit de nouveau, d'une façon parfaitement distincte, les hauts talons de la comtesse martelant au loin l'asphalte du trottoir.

XXVIII

L'homme saisit des deux mains l'arête vive du chaperon, laissa pendre son corps, puis, suivant les principes de la gymnastique élémentaire, lâcha prise et tomba sur la pointe des pieds.

Il traversa le boulevard des Invalides sans perdre une seconde et prit rapidement le même chemin que la comtesse, mais du côté opposé de la chaussée.

Madame de Vergis marchant très vite, avait une assez grande avance sur celui qui la pourchassait à son insu.

Elle s'engagea dans la rue de Varennes.

Au moment où elle passait sous le bec de gaz placé à l'entrée de cette rue, l'homme aperçut sa silhouette.

— C'est bien elle... — murmura-t-il, et il continua sa poursuite, frôlant les maisons, étouffant le bruit de ses pas, la poitrine oppressée, l'œil farouche.

La comtesse tourna dans la rue Bellechasse.

L'homme hâta sa marche; mais, lorsqu'il atteignit le point d'intersection des deux rues, il se trouva en face d'une ronde de gardiens de la paix.

Derrière eux, personne.

Madame de Vergis avait disparu.

Les gardiens de la paix regardèrent avec quelque défiance le promeneur nocturne. — Son apparence n'offrait rien de suspect.

Ils passèrent sans lui adresser la parole.

L'homme fit encore quelques pas, regardant au loin, écoutant.

Ce fut en vain.

Ni ses yeux ni ses oreilles ne perçurent le moindre indice.

Il s'arrêta en crispant les poings.

— C'est dans une de ces maisons qu'elle est entrée... — dit-il d'une voix qui sifflait entre ses dents serrées. — Je ne me trompais pas... — Ce que je prévoyais est arrivé... Elle a un amant!... Un homme qui murmure à son oreille, entre deux baisers : — *Je t'aime...* — Un homme à qui elle répond, en dégrafant sa robe, en dénouant ses cheveux : — *Je t'adore !...* — Et je sais tout... donc je la tiens... Au lieu de souffrir comme je souffre, à en mourir, j'aurai le droit de lui crier : — *Moi aussi je vous aime, d'un amour qui brûle ma chair et dessèche mon sang !...* — *Puisque vous êtes à un autre, soyez à moi comme vous êtes à lui, ou je vous perds !...* —

Ça serait lâche, ça serait infâme... Que m'importe à moi?... Est-ce que je suis un homme du monde?
— Si la comtesse me repousse, le comte saura ce qui se passe... Il verra que la lettre anonyme ne mentait point... — Il fera le guet à ma place... Il découvrira quel est l'amant... Il les suspendra dans les bras l'un de l'autre et il les tuera tous deux...

En prononçant ces dernières paroles, l'homme frissonna.

— Tous les deux... — répéta-t-il — non!... — lui seulement!... Je veux qu'elle vive... Elle est trop belle pour mourir... Et, qui sait?... peut-être un jour... — En attendant ils sont ensemble... les lèvres sur les lèvres et les mains dans les mains ! Mais où?...

Et les yeux étincelants de l'espion semblaient vouloir percer les murailles des maisons voisines.

Il reprit :

— Quel est donc cet amant?... — Un de ces gommeux, sans doute, qui viennent à l'hôtel faire les jolis cœurs et que j'exècre!... — C'est pour lui donner des rendez-vous d'amour qu'elle se fait conduire à l'église... — Et je n'ai pu le deviner encore, celui-là!... j'ai beau chercher... j'échoue... Ah! si je savais qui!... je le tuerais... — Comment?... — En duel? — Il refuserait de se battre avec moi... et d'ailleurs quel prétexte?... — Eh bien ! je l'étranglerais, la nuit, au coin d'une rue...

et si l'on me guillotinait après, tant mieux, je ne souffrirais plus...

L'espion se promenait de long en large sur le bitume, d'un pas inégal comme un fou dans sa cellule ou comme une bête fauve dans sa cage.

Soudain il s'arrêta.

— Je ne souffrirais plus, — répéta-t-il, et je souffre trop... — La jalousie me ronge le cœur... J'aime cette femme comme un insensé... Elle... la comtesse de Vergis... Moi, Jacques Sureau, un homme à ses gages, j'ose l'aimer... Et je n'ose pas le lui dire... Elle est si fière, si dédaigneuse... Au premier mot elle me dénoncerait au comte, et je serais chassé comme un drôle insolent... — En songeant à cela je vois rouge !... Il me faut cependant ma part de bonheur... — Je veux cette femme, et je l'aurai... je l'aurai vivante ou morte !...

César, baron de Fossaro, avait deviné juste en étudiant la physionomie sinistre de Jacques Sureau, sur son siège, place Saint-Sulpice, et en le comparant à Ruy-Blas :

Ver de terre amoureux d'une étoile.

Jacques Sureau, l'ancien écuyer des cirques nomades, le premier cocher du comte de Vergis, aimait la femme de son maître d'un amour furieux, sauvage, ou pour mieux dire bestial.

Elevé dans les écuries, groom d'abord, puis presque artiste, beau garçon, mais brutal ou plutôt brute, habitué au milieu de tendresses faciles des écuyères de bas étage et des filles sur qui le maillot pailleté exerce des séductions irrésistibles, Jacques Sureau croyait fermement que toutes les femmes sont égales devant l'amour sensuel.

Dominé par des passions excessives qui l'affolaient à certaines heures, après avoir essayé de violenter la maîtresse d'un de ses camarades, écuyer comme lui, il avait aux trois quarts assommé ce camarade.

Le directeur du cirque ne voulut pas le livrer aux tribunaux, mais le mit à la porte.

L'aventure ayant fait du bruit, — quoiqu'en l'absence de toute plainte le parquet ne poursuivit pas, — Jacques Sureau ne put trouver d'engagement dans un autre cirque.

Il fallait vivre.

Successivement il exerça toutes les professions qui touchent au cheval.

Payant de mine, dresseur de premier ordre, connaissant admirablement les chevaux, il entra comme piqueur chez le duc de La R.... où ses mœurs dissolues l'empêchèrent de rester.

Le duc le congédia mais, n'ayant aucun acte d'indélicatesse à lui reprocher, ne lui refusa point un certificat attestant ses aptitudes et ses mérites en matière hippique.

Le comte de Vergis le prit alors à son service en qualité de premier cocher.

Jacques Sureau s'éprit aussitôt de la comtesse, dont il conduisait le coupé et qu'il accompagnait au Bois quand elle montait à cheval.

Etant donnée la nature du personnage, cette passion malsaine fit des progrès rapides, et son intensité devint d'autant plus effrayante que pour la première fois de sa vie l'ex-écuyer, n'osant parler, concentrait tout en lui-même.

Madame de Vergis lui semblait un être d'essence supérieure.

Un beau jour il devint jaloux.

Les fréquentes stations de la comtesse à Saint-Sulpice lui parurent suspectes.

Il épia et ses soupçons se fortifièrent, sans aboutir cependant à une certitude absolue.

Alors l'idée lui vint d'écrire ou plutôt de faire écrire par Fernand Volnay une lettre anonyme au comte de Vergis.

Nous avons mis cette lettre sous les yeux de nos lecteurs à l'étude Malpertuis et chez le chiromancien du boulevard Saint-Michel.

Cette vilaine action accomplie, Jacques Sureau ne tarda guère à la regretter.

La réflexion lui démontra qu'il avait obéi sottement aux instigations de la jalousie, mauvaise conseillère.

Il comprit qu'en donnant l'éveil au comte il venait d'anéantir les trois quarts des chances qu'il pouvait avoir, — en supposant qu'il en eût.

Il se dit qu'il aurait dû exploiter la situation uniquement à son profit, épier jour et nuit, savoir le nom de l'amant, connaître le lieu des rendez-vous et, armé de ses découvertes, menacer Marie de la perdre si elle ne se livrait point à lui pour payer son silence...

Jacques Sureau se répétait ces choses, et sa passion sauvage, son amour doublé de haine, prenait des proportions effroyables et menaçait de le rendre fou.

Il était jaloux du comte, jaloux de la comtesse, jaloux de tous les visiteurs admis à l'hôtel de Vergis.

Cette monomanie jalouse chassait l'appétit et le sommeil. — L'ex-écuyer, miné par une fièvre continuelle, maigrissait à vue d'œil et ses prunelles brillaient d'un feu sombre dans leurs orbites charbonnées.

L'insomnie à laquelle il était en proie depuis longtemps déjà venait de le servir.

Il se trouvait enfin sur la trace des sorties nocturnes qui devaient mettre dans ses mains l'arme convoitée...

Un espoir farouche s'emparait de lui...

Près d'une heure s'était écoulée depuis que le sinistre espion allait et venait d'un pas saccadé dans la rue Bellechasse, furieux de son attente inutile, mais espérant toujours que d'un moment à l'autre la comtesse allait apparaître au sortir de son rendez-vous.

Tout à coup il entendit, à quelque distance derrière lui, le bruit d'une porte qui se refermait : puis, immédiatement après, des pas précipités.

Il se retourna.

Au milieu des ténèbres à peine transparentes, il aperçut une forme féminine descendant la rue Bellechasse.

— C'est de là qu'elle sort, — se dit-il en jetant un regard sur une maison à six étages. — Elle va rentrer à son hôtel... — Je la rejoindrai avant qu'elle arrive... — je lui parlerai... — j'aurai le courage qui m'a fait défaut jusqu'à ce jour... — Elle ne peut m'imposer silence, puisque je la prends en flagrant délit d'escapade adultère... — Elle saura ce que j'éprouve... — ce que je souffre... — ce que je veux...

Et il se remit en chasse, mais cette fois sans la moindre précaution.

La femme poursuivie n'avait sur lui que quarante ou cinquante mètres d'avance.

Au bruit des pas de Jacques Sureau, elle se retourna.

Voyant derrière elle un homme qui paraissait la suivre, elle précipita sa marche.

Jacques Sureau en fit autant.

La femme se mit à courir et, arrivée à l'angle de la rue de Varennes, tourna rapidement à droite.

L'itinéraire suivi par celle qu'il espionnait parut inexplicable au cousin de Fernand Volnay.

. — Elle ne rentre donc pas à l'avenue de Villars ? — se demanda-t-il mentalement. — Que signifie cela ?... Où peut-elle aller à cette heure et que se passe-t-il ?...

En tournant la rue de Varennes, Jacques Sureau s'aperçut que la fugitive gagnait du terrain.

Elle filait comme une chevrette qui sent la meute sur sa piste, et c'est à peine si ses petits pieds effleuraient le trottoir de la rue déserte.

Jacques Sureau prit sa course à son tour et, grâce à son agilité prodigieuse, il franchit en quelques élans les deux tiers de la distance.

Alors, d'une voix saccadée, brisée, à peine distincte, il cria :

— Ne fuyez pas ainsi, madame... — Vous n'avez rien à craindre de moi... — Je ne suis point un malfaiteur, je vous le jure... — Je veille sur vous...

Comme bien on pense, il n'obtint aucune réponse.

La jeune femme voulut redoubler de vitesse en entendant l'appel de cette voix étrange, mais l'épouvante la paralysait, les battements désordonnés de son cœur l'étouffaient, le vertige s'emparait de son cerveau.

Elle sentit que la force d'aller plus loin lui manquait, que ses jambes se dérobaient sous le poids de son corps et qu'elle allait tomber.

Une plainte sourde s'échappa de ses lèvres, tandis qu'elle s'appuyait défaillante à la muraille de la maison la plus proche.

Une main lui touchant l'épaule la tira de cette prostration douloureuse.

— Laissez-moi... laissez-moi... — balbutia-t-elle. — Eloignez-vous ou j'appelle au secours...

La fugitive, s'étant arrêtée près d'un bec de gaz, se trouvait en pleine lumière.

L'ex-écuyer, en voyant son visage, ne put retenir un cri de colère et de surprise.

Il recula d'un pas, en balbutiant :

— Mademoiselle Lucile Gonthier!... quoi! c'est vous?...

La jeune fille, en entendant prononcer son nom, sentit son épouvante s'envoler.

Elle leva les yeux sur l'homme qui se trouvait en face d'elle, le reconnut à son tour et murmura :

— Monsieur Jacques!... ici!...

— C'est mon quartier...

— Et vous me poursuiviez!... — Ah! vous pouvez vous vanter de m'avoir fait une belle peur!...

— Croyez-bien que je le regrette...

— J'ai cru que vous étiez un voleur... et peut-être pis... — Dame! en vous entendant courir derrière moi, c'était bien naturel... — Vous m'aviez donc reconnue et vous avez quelque chose à me dire?

— Non... — répondit Jacques Sureau avec un peu d'embarras. — Je longeais la rue Bellechasse... Je vous ai vue sortir d'une maison et je vous ai prise pour une personne que j'attendais...

— A la bonne heure !... Tout s'explique... Je ne vous en veux plus et je vais continuer ma route...
— Il est horriblement tard, et j'espère trouver une voiture sur les quais, pour me reconduire chez moi...
— Je vais vous accompagner un bout de chemin et nous rencontrerons quelque fiacre attardé... — Mais comment se fait-il que vous soyez à pareille heure si loin de Belleville ?...

XXIX

— Ça vous étonne de me trouver ici, toute seule, longtemps après minuit ? — demanda Lucile Gonthier en souriant.

— Ça ne m'étonnerait pas d'une autre, ça m'étonne de vous... — répondit Jacques Sureau.

— Pourquoi ?

— Parce que tout le monde affirme que vous êtes une jeune fille sage, que vous n'avez point d'amoureux, et qu'on couronne à Nanterre des rosières qui sont de la Saint-Jean auprès de vous...

— Tout le monde est bien bon... — répliqua Lucile avec un nouveau sourire, — mais j'accepte le compliment, car je le mérite un peu... — J'ai dans la rue Bellechasse une amie très malade, et j'ai veillé ce soir près d'elle afin que sa mère, pauvre femme épuisée de chagrin et de fatigue, puisse se reposer un peu...

— Ah ! je vous reconnais bien-là... toujours prête à vous sacrifier pour les autres !... — Seulement vous auriez dû coucher cette nuit chez votre amie, au lieu de vous aventurer dehors à pareille heure...

— On me le proposait, mais j'ai du travail à finir chez moi... — Je me mettrai à la besogne tout en rentrant, et à huit heures du matin je pourrai aller chez ma patronne comme d'habitude...

— Vous vous tuerez à faire ce métier-là !...

— Bah ! je suis plus solide que je n'en ai l'air, et quand on n'a pas de rentes il faut gagner sa vie...

— Certainement, mais trop est trop !... — Y a-t-il longtemps que vous n'avez vu mon cousin ?

— M. Fernand je le vois presque tous les jours, puisque nous demeurons dans la même maison...

— Son succès continue-t-il au théâtre de Belleville ?

— Il fait mieux que de continuer, il grandit... Tout le monde parle de Fernand Volnay comme d'un artiste d'un vrai talent.

— Par malheur ça ne lui rapporte pas grand' chose.

— Ça lui rapportera plus tard... quand il sera engagé dans un théâtre de Paris, et je crois que ça ne tardera guère, car les journaux s'occupent de lui et les directeurs viendront l'entendre... — Et puis il va avoir une superbe occasion de se faire connaître...

— Laquelle ?

— Après-demain il y aura à Belleville une première représentation.

— Il y en a souvent... tous les quinze jours je crois...

— Oui, mais celle-là n'est pas comme les autres...
— C'est une pièce faite exprès par un jeune auteur, et qui n'a jamais été représentée nulle part...

— Une pièce inédite?

— C'est ça... vous venez de dire le mot. — Il paraît qu'elle est superbe, cette pièce, et qu'elle réussirait même à la Porte-Saint-Martin ou à l'Ambigu...
— Naturellement M. Fernand joue le plus beau rôle... et ce sera une *première* comme à Paris... une vraie première, avec des journalistes... Vous pensez si ça fait du bruit dans Belleville... — J'adore le théâtre... — J'irai voir ça... — Et vous, monsieur Jacques, viendrez-vous?

— Il faudrait avoir une place et tout sera plein...

— M. Fernand peut vous en louer une, comme il a promis de le faire pour moi et pour madame Verdier... — Voulez-vous que je le prie de vous retenir un fauteuil d'orchestre?...

— Eh bien, oui, volontiers... — Je demanderai à l'hôtel l'autorisation de m'absenter...

— Faudra-t-il que M. Fernand vous envoie le fauteuil?...

— Non... — J'irai le voir demain ou après-demain, et il me le donnera.

— C'est cela... — Dites donc, monsieur Jacques, il me semble que j'entends une voiture...

— En effet, et c'est un fiacre, car ça sonne la ferraille... — Reste à savoir s'il est chargé...

Le fiacre approchait; par une heureuse chance il était vide et, par une autre chance non moins heureuse, il appartenait au dépôt de Belleville.

— Sans rancune pour la peur que vous m'avez faite, — dit Lucile Gonthier en donnant une poignée de main à l'ex-écuyer — et à bientôt...

— A bientôt, mademoiselle...

La jeune fille monta dans la voiture qui s'éloigna presque rapidement.

Jacques Sureau, se retrouvant seul, resta un moment immobile et comme cloué sur place, pensant à la méprise qui venait de renverser tous ses plans et de détruire ses espérances.

Qui sait si, pendant qu'il s'acharnait à la poursuite de Lucile Gonthier, et tandis qu'ensuite il échangeait quelques paroles avec elle, madame de Vergis n'avait point quitté la rue Bellechasse pour retourner à son hôtel?

Tout en maugréant la tête basse, il rebroussa chemin, bien résolu à reprendre la faction malencontreusement interrompue par une erreur.

Nous l'abandonnerons à lui-même et nous remonterons en arrière jusqu'au moment où la comtesse, ne se sachant point épiée, entrait dans la rue Bellechasse en quittant la rue de Varennes.

Aussitôt après avoir tourné l'angle des deux rues, elle fit quelques pas presque en courant et s'arrêta net en face d'un petit hôtel à deux étages.

Aucune lumière ne brillait derrière les contrevents intérieurs hermétiquement clos.

Marie, que la vitesse de sa course rendait haletante, saisit d'une main fiévreuse le bouton de la sonnette et le tira deux fois de suite.

Elle était attendue, car la porte de l'hôtel s'ouvrit immédiatement pour la laisser entrer, et se referma derrière elle à la minute précise où Jacques Sureau, tournant à son tour l'angle de la rue de Bellechasse, se trouvait en face d'une ronde de gardiens de la paix, et derrière cette ronde ne voyait personne.

Madame de Vergis, à demi suffoquée par les battements impétueux de son cœur, fit halte dans un couloir sombre avec Arnold de Trois-Monts, que nos lecteurs ont deviné déjà.

Pendant quelques secondes elle appuya silencieusement sa tête sur l'épaule du jeune homme.

Arnold, lui prenant les mains, lui fit franchir le seuil d'un petit boudoir qu'éclairaient un feu vif et les bougies de deux candélabres placés sur la cheminée.

Là, il la débarrassa de sa pelisse, lui enleva le chapeau dont la voilette cachait son visage, et l'attirant contre sa poitrine l'embrassa longuement.

La comtesse s'abandonnait à cette étreinte, mais d'une façon toute passive et sans presque en avoir conscience.

Il suffisait de la regarder pour avoir la certitude que sa pensée était ailleurs et que, si follement éprise qu'elle fût de son amant, elle ne venait point à ce rendez-vous échanger des baisers d'amour.

Arnold le comprit.

— Marie, ma bien-aimée Marie — dit-il — je vous attendais avec impatience, mais avec effroi !...

— Vos paroles de tantôt m'ont bouleversé... — Pourquoi m'avez-vous dit que notre amour vous porterait malheur ?...

— Pourquoi ? — répéta la jeune femme en se dégageant doucement et en se laissant tomber sur un siège — parce que le malheur est venu...

— Lequel ?...

— Arnold, je suis perdue, ou plutôt je vais l'être ?...

— Comment ?...

— Dans deux mois il ne me restera qu'à mourir, car mon mari saura que je l'ai trahi... il en aura la preuve...

— Expliquez-vous, Marie, — dit le jeune homme, remué jusqu'au fond de l'âme par la voix tremblante et par les regards étranges de sa maîtresse, — je ne vous comprends pas...

— C'est cependant bien simple... — balbutia la comtesse. — De quelle époque date notre liaison ?...

— Il y cinq mois que je suis heureux...

— Il y a cinq mois que je suis coupable... — poursuivit Marie. — Depuis six mois, le comte était en Angleterre, — il n'est de retour que depuis deux mois...

— Eh bien ?... — demanda vivement Arnold.

— Eh bien ! dans quatre mois je serai mère...

M. de Trois-Monts tressaillit en entendant ces mots qui lui révélaient en effet une situation effrayante.

Madame de Vergis poursuivit :

— Comprenez-vous maintenant que, quelles que soient ma prudence et les précautions prises, le jour viendra bientôt où je ne pourrai plus rien cacher, car l'évidence s'imposera... — Comprenez-vous, Arnold, qu'il ne me restera ce jour-là qu'un seul asile, la mort... — et je suis bien jeune pour mourir...

Puis la malheureuse femme, penchant sa tête pâlie sur sa poitrine soulevée, fondit en larmes, éclata en sanglots.

M. de Trois-Monts était littéralement terrifié par cette nouvelle inattendue. — Sa pensée flottait confuse.

— Que faire? — répétait-il à la façon des gens qui cherchent une planche de salut et la cherchent en vain. — Que faire? mon Dieu ! que faire?

Tout à coup, Marie releva la tête.

— Ecoutez... — dit-elle à travers ses larmes — nous avons été lâches tous les deux et tous les deux cruels... — Nous avons souillé l'honneur d'un honnête homme qui vous aimait comme son propre fils et qui m'avait donné, à moi pauvre orpheline, une haute situation, une grande fortune, un bonheur absolu... — A partir de l'heure funeste où ma passion, ou ma folie plutôt, m'a jetée dans vos bras, j'ai dissimulé, j'ai menti, moi qui suis née avec l'horreur de la dissimulation et du mensonge!... J'ai attaché sur mon visage un masque d'hypocrisie, j'ai insulté Dieu comme j'insultais l'homme dont je porte le nom et, en même temps que je devenais adultère, je devenais sacrilège... oui, sacrilège!... — Est-il rien au monde de plus odieux et de plus infâme que de se servir, comme je l'ai fait, d'une église pour cacher mes amours?... — A présent, c'est fini, je ne peux plus mentir, et d'ailleurs je ne le voudrais plus!... — Depuis longtemps déjà j'avais cru reconnaître les premiers symptômes de la maternité naissante... — Je m'efforçais de ne pas y croire... je repoussais de toutes mes forces cette effrayante pensée... — Aujourd'hui que le doute est impossible, j'envisage la réalité face à face... je suis perdue, je le sais et, connaissant mon crime, j'accepterais sans hésiter un châtiment que je mérite!... — Si le comte me tuait, ce serait justice...

— Ah!... — s'écria M. de Trois-Monts... — Je vous défendrais, vous le savez bien!...

— Contre lui? contre mon mari?... — répliqua

la jeune femme... — De quel droit?... — Ah! je serais prête à mourir, Dieu m'en est témoin!... Mais je porte en mon sein un être innocent de ma faute... — Je suis mère par le cœur depuis que j'ai senti mon enfant tressaillir... Et je veux que mon enfant vive... Je veux que mon enfant soit sauvé...

La comtesse s'interrompit.

Pendant quelques secondes elle attacha sur M. de Trois-Monts un regard qui semblait pénétrer jusqu'au fond de son âme.

Puis, brusquement, sans transition, elle dit en lui jetant ses bras autour du cou :

— Tu m'aimes toujours, n'est-ce pas?...

— Toujours et plus encore!... — répliqua le jeune homme avec l'entraînement de la passion sincère, tandis que ses lèvres buvaient les larmes sur les joues de la comtesse. — De toute mon âme, de tout mon cœur, de toutes mes forces, et cent fois plus que ma vie! — C'est à présent surtout que tu m'appartiens, Marie, à présent qu'il existe entre nous un lien nouveau et indissoluble... Un enfant, la chair de ma chair... Un enfant qui sera mon fils... — Marie, ma bien-aimée, je t'adore...

— Alors, ce que je te demanderai de faire, tu le ferais?

— Est-ce que je pourrais te refuser quelque chose?...

— Je ne veux plus rentrer à l'hôtel de Vergis...

En entendant cette phrase, à laquelle il était si loin

de s'attendre, Arnold frissonna de tout son corps.

— Que médites-tu donc ? — demanda-t-il.

— La force et le courage me manquent pour mentir désormais, je te l'ai dit... — reprit la comtesse. — D'ailleurs je ne puis mettre au monde l'enfant de l'adultère dans la maison de mon mari...

— J'ai peur de te comprendre...

— C'est que tu me comprends...

— Tu veux fuir ?

— Il le faut. — Nous partirons ensemble... Nous quitterons Paris... Nous quitterons la France et l'Europe, et nous irons si loin, en dérobant nos traces, que le comte, s'il nous cherche pour se venger, ne nous trouvera pas...

— Mais c'est impossible !... — s'écria M. de Trois-Monts.

— Pourquoi ?

— Le comte nous trouverait partout, si bien cachés que nous croyons être, et ce serait pour toi la honte, la mort peut-être...

— Avant qu'il nous trouve et qu'il me tue, notre enfant sera né et je ne craindrai plus pour lui...

— As-tu confiance en moi, Marie ?

— Hélas ! je te l'ai prouvé trop...

— Ecoute-moi donc, alors, et crois-moi...

La jeune femme fit un geste de résignation découragée.

— Parle... — dit-elle ensuite ; — j'écouterai et je tâcherai de croire...

XXX

— Ne songe point à fuir, chère bien aimée, — poursuivit Arnold. — La fuite serait une faute de plus... une faute impardonnable, puisqu'elle impliquerait un aveu et rendrait public ce qui doit à jamais rester caché, aussi bien dans l'intérêt de ton mari que dans ton intérêt personnel...

— Tu me défends de fuir ! — interrompit Marie. — Est-ce que je peux rester ?...

— Oui. — Tu as été courageuse et forte jusqu'à ce jour, sans savoir que tu portais dans ton sein un gage de notre amour... Redeviens forte et courageuse pour l'enfant qui doit naître...

— Alors il faut mentir encore ? — murmura la jeune femme en se tordant les bras avec désespoir.

— Il le faut.

— Ce que tu me demandes est irréalisable...

— Pourquoi ?

— Parce que les jours succèdent aux jours... — On n'a rien vu jusqu'à présent, mais il suffira désormais de jeter sur ma taille un regard attentif pour tout comprendre et pour tout deviner... — Le moment approche où la dissimulation ne sera plus possible...

— C'est vrai ! — dit M. de Trois-Monts, d'une voix brisée en serrant convulsivement son front entre ses mains. — Que faire, mon Dieu ? que faire ?

— Je ne sais pas... — balbutia la comtesse affolée.

Arnold, brusquement, releva la tête.

— Ne peux-tu prétexter un voyage ? — demanda-t-il.

— Où trouver le prétexte ?... D'ailleurs on ne me laisserait pas voyager seule...

— Si le comte s'absentait ?...

— Pourquoi le ferait-il ?...

— Il s'éloigne souvent pour des explorations scientifiques...

— En ce moment il n'en projette aucune.

— On peut lui en donner l'idée...

— Comment ?...

— Je cherche un moyen et je le trouverai... — Pendant son absence rien ne t'empêchera de quitter l'hôtel à ton tour, et d'y revenir quand tu n'auras plus rien à craindre...

— Si cela se pouvait !... — balbutia Marie.

— Cela se pourra, j'en réponds... — Sois prudente... — Fais en sorte que personne au monde ne surprenne notre secret... je te le demande au nom

18.

de notre amour... au nom de notre enfant... je te le demande à genoux et, quand approchera l'heure de la délivrance, je serai là, près de toi, je ne te quitterai pas... Puis, une fois délivrée, tu rentreras seule à l'hôtel de Vergis, et je prendrai soin du cher petit être en qui nous revivrons tous deux. — Feras-tu cela, Marie ?...

— Je le ferai, puisque tu le veux...

— Et ce sera notre bonheur à venir... — reprit Arnold ; — ce sera le calme pour toi...

Madame de Vergis secoua la tête et répétant :

— Le calme... — Pourrais-je le retrouver jamais ?...

— Oui, si tu m'obéis en aveugle, ou plutôt en femme aimante et confiante... Nos entrevues auront lieu moins souvent... Nous veillerons sur nos regards de crainte qu'ils ne nous trahissent, et nous serons heureux encore...

La comtesse ne répondait pas et pleurait...

Arnold écarta les deux petites mains dont elle se servait pour voiler son visage, attira sa tête sur son épaule et l'embrassa longuement comme au moment de son arrivée.

La femme est toujours femme, même dans la douleur...

Sous cette étreinte pleine de passion Marie, pour un instant oublia chagrins et terreurs, et noya ses yeux humides dans les yeux brûlants d'Arnold.

Puis leurs lèvres s'unirent comme s'étaient unis leurs regards...

Il était près de trois heures du matin lorsque la comtesse renoua sa longue chevelure et répara le le désordre de sa toilette pour retourner à l'hôtel de Vergis.

M. de Trois-Monts la reconduisit jusqu'au boulevard des Invalides.

Là il s'arrêta afin de la laisser arriver seule à la porte du jardin de l'hôtel ; — il ne la perdait pas de vue, toutefois, et il ne s'éloigna que lorsque la jeune femme fut rentrée.

Jacques Sureau, nous le savons, était revenu se mettre aux aguets dans la rue Bellechasse, mais en se disant que, tandis qu'il poursuivait d'abord et qu'il reconduisait ensuite Lucile Gonthier, la comtesse avait fort bien pu regagner l'avenue de Villars.

Il eut la preuve qu'il ne se trompait pas lorsqu'après une longue et inutile faction il vit les clartés grises de l'aube naissance remplacer les ténèbres.

— Allons — pensa l'ex-écuyer en regagnant à son tour l'hôtel, où il se proposait de rentrer par escalade comme il en était sorti — c'est partie remise, mais non perdue... Je veux savoir, et je saurai...

Le hasard qui venait de faire échouer les projets de Jacques Sureau, fort heureusement pour la comtesse et pour Arnold, s'est chargé de présenter à

nos lecteurs un personnage dont ils ont entendu parler déjà, mais qu'ils ne connaissaient pas encore,
— Lucile Gonthier.

Lucile Gonthier, fille d'Amélie Gonthier, la comédienne morte depuis plusieurs années.

Lucile Gonthier, douze fois millionnaire sans le savoir, et que deux hommes cherchaient secrètement, à l'insu l'un de l'autre : Sta-Pi, pour le compte du petit prince Hector de Castel-Vivant ; — Bijou, pour le compte de l'étude Malpertuis et compagnie.

La blonde enfant habitait la rue Julien-Lacroix, à Belleville.

Elle n'avait point menti en disant à Jacques Sureau qu'elle venait de veiller, rue Bellechasse, au chevet d'une de ses amies malade.

Cette amie était la jeune fille que le prince Totor avait vue parler à Lucile au théâtre de la Porte-Saint-Martin, et recevoir de ses mains la photographie perdue quelques minutes plus tard et sur laquelle Stanislas Picolet comptait pour découvrir l'adresse de l'inconnue.

Lucile descendit de voiture à la porte de la maison qu'elle habitait, paya son fiacre, sonna, franchit le seuil et, passant devant la loge de la concierge, jeta, pour se faire reconnaître, ce nom dont nous donnerons l'explication tout à l'heure :

— La Fauvette !...

Puis elle gravit d'un pied leste les cinq étages

qui la séparaient de son petit logement composé de deux pièces meublées de la façon la plus simple, mais entretenues avec les recherches d'une propreté toute flamande.

La jeune fille alluma une lampe préparée depuis la veille, quitta sa toilette de ville pour un peignoir de flanelle grise, s'assit dans un fauteuil de paille en face d'un guéridon chargé d'ustensiles de couture et prit une *visite* de satin qu'elle garnissait de jais.

Lucile était employée par un grand magasin de confections pour dames.

Elle faisait preuve d'une réelle habileté, possédait un goût très sûr, et la maîtresse confectionneuse s'adressait à elle de préférence pour les objets réclamant des soins particuliers.

Ceci lui permettait de gagner quatre francs cinquante centimes, et même quelquefois cinq francs par jour.

La blonde enfant se trouvait absolument heureuse de cette existence modeste, et ne se refusait point de temps en temps une promenade à la campagne ou une soirée au théâtre, toujours accompagnée d'une voisine d'âge respectable, veuve, possédant quelques petites rentes et chez laquelle elle prenait ses repas.

Ceci constituait pour elle une notable économie en l'empêchant de perdre du temps à préparer sa nourriture, et la veuve, de son côté, y trouvait un petit profit.

Lucile, à force d'ordre, venait à bout de mettre de côté chaque mois une quarantaine de francs qu'elle gardait soigneusement pour faire face aux éventualités si effrayantes du chômage et de la maladie, et pour offrir assez souvent de petites *douceurs* à son unique parente, une vieille tante aveugle placée à la Salpêtrière.

La jeune fille atteignait sa dix-huitième année.

Hector Bégourde, prince de Castel-Vivant, n'avait rien exagéré en faisant d'elle à Sta-Pi un portrait enthousiaste, conforme de tout point d'ailleurs à la photographie perdue.

Lucile était jolie au delà du possible, et — chose singulière — ne s'enorgueillissait point de sa beauté.

L'âme et le cœur de cette enfant, fille d'une comédienne cascadeuse et d'un père de hasard, étaient idéalement fiers, incomparablement honnêtes.

A son âge, et vivant dans un milieu populaire, Lucile ne pouvait ignorer certaines choses, mais rien n'égalait sa chasteté native.

Comme l'hermine symbolique des ducs de Bretagne, elle aurait pu prendre pour devise : *Plutôt la mort qu'une souillure!*

Chose bizarre et que nous n'essaierons pas d'expliquer : de deux êtres unis par le hasard, par le caprice, par ce que l'amour a de moins idéal, Dieu avait fait naître un ange!...

Joyeuse dans la médiocrité de sa situation et

ne rêvant point d'en sortir, la fille d'Amélie Gonthier possédait une voix charmante et une mémoire musicale prodigieuse.

Il lui suffisait d'assister à la représentation d'une opérette pour en retenir presque tous les airs.

Possédant un si riche répertoire et gaie comme un oiseau, elle chantait toute la journée·

La veuve chez laquelle Lucile prenait ses repas, madame Verdier, dont le logement touchait au sien, l'avait en conséquence surnommée *la Fauvette*.

C'est par ce joli sobriquet, qui d'ailleurs lui seyait de façon merveilleuse, qu'on la désignait généralement dans le quartier...

Le jour était levé depuis longtemps déjà et la lampe éteinte.

Lucile posait ses passementeries sans lever les yeux.

Son travail allait être fini.

On frappa doucement à la porte.

— Entrez... — fit-elle.

La porte s'ouvrit ; une femme de cinquante-cinq à soixante ans, en peignoir d'indienne et en bonnet de linge, entra dans la chambre.

La blonde enfant leva la tête et dit en souriant :

— Tiens, c'est vous, maman Verdier... Bonjour...

— Bonjour, mignonne... — répliqua la nouvelle

venue. — Vous êtes donc rentrée cette nuit?... — Je vous croyais encore rue Bellechasse...

— Pourquoi ça, maman Verdier?...

— Parce qu'il est près de huit heures et que je n'ai pas entendu le moindre roucoulement, ce qui n'est guère dans vos habitudes d'oiseau chanteur...

— C'est vrai... — répondit Lucile avec un nouveau sourire. — Je suis arrivée ici bien tard... — J'ai passé le reste de la nuit à finir un ouvrage pressé, et je travaillais avec une attention si grande que la Fauvette oubliais ses fredons...

— Comme ça, vous avez passé la nuit à garder une malade d'abord et à travailler ensuite?...

— Dame, oui !...

— En voilà un métier à faire pâlir ces jolies joues-là, à mettre du noir sous ces beaux yeux et à vous détraquer la santé, qui est ce qu'on a de plus précieux !... — s'écria madame Verdier — et tout ça pour quatre francs cinquante !... — C'est-il, Dieu possible, de se détériorer le tempérament pour si peu de monnaie !

— Vous avez raison, ma bonne voisine, mais vous n'ignorez pas qu'il m'arrive très rarement de veiller ainsi...

— Il faudrait que ça ne vous arrive jamais !

— Le travail était pressé...

—Pressé! pressé ! Bah ! laissez donc ! la patronne aurait attendu.

— J'avais promis, et je n'ai qu'une parole, vous savez... — Voilà qui est fait... — Je vais m'habiller et partir... — Le café est-il prêt?

— Assurément... — Vous savez bien, mignonne, que je suis, comme vous, toujours exacte... jamais en retard...

— Eh bien, déjeunons et ensuite, avant d'aller voir ma tante à la Salpêtrière, j'irai au magasin reporter cette *visite* et m'en faire donner une autre...

— Vous feriez bien mieux, ma pauvre Fauvette, d'épouser un bon et brave garçon qui aurait un peu de bien et qui vous empêcherait de vous tuer le corps et l'âme au travail.

— Où est-il, ce bon et brave garçon muni d'une agréable aisance? — demanda Lucile en riant.

— Ça peut se trouver.

— Vous connaissez mes idées en fait de mariage, maman Verdier... — Je me moque de l'argent... — Ou je ne me marierai pas, ce qui, soit dit entre nous, me paraît une destinée fort acceptable, ou je me marierai par amour. — L'homme dont je deviendrai la femme aura fait faire *tic-tac* à mon cœur, sinon non!... Je reste garçon!...

— Ça se voit dans les romans et dans les comédies... ces choses-là...

— Ça se voit aussi dans la vie réelle.

— Vous resteriez célibataire?...

— Parfaitement bien.

— Jeune et jolie comme vous l'êtes, ce serait un meurtre...

— Jeunesse passe vite, et beauté plus vite encore...

— Oui, la vieillesse arrive... on n'a rien mis de côté... il ne reste que les yeux pour pleurer, et on répète, mais trop tard, le refrain de Béranger :

> Combien je regrette
> Mon bras si dodu.
> Ma jambe bien faite,
> Et le temps perdu !...

FIN DU TOME PREMIER

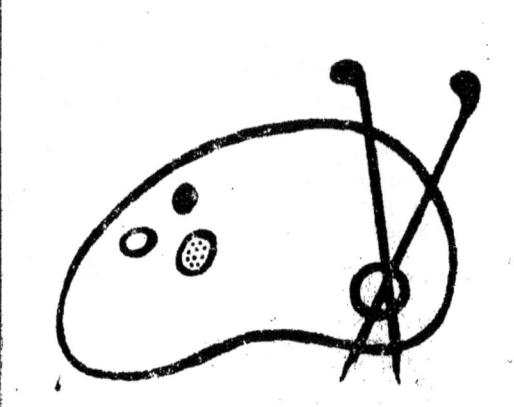

Original en couleur
NF Z 43-120-9

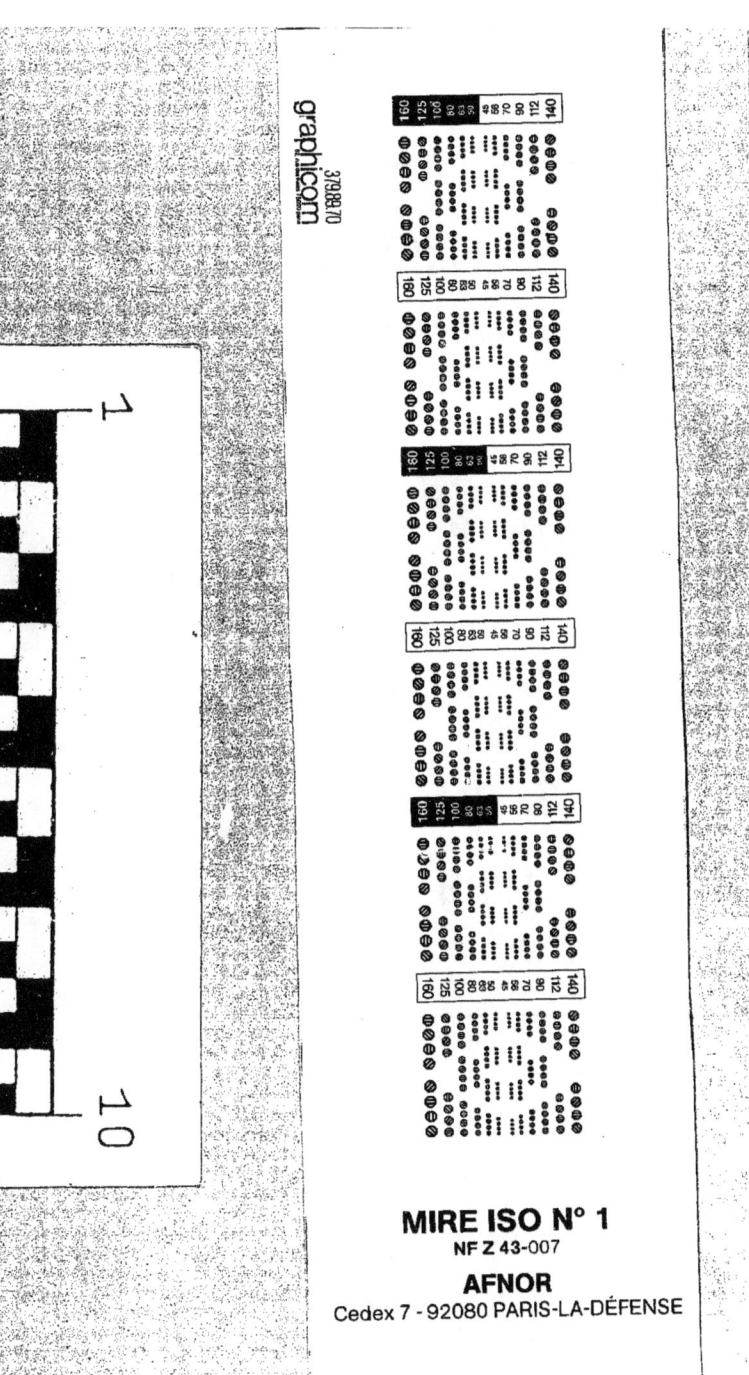

BIBLIOTHÈQUE NATIONALE

CHÂTEAU
de
SABLÉ
1984

www.ingramcontent.com/pod-product-compliance
Lightning Source LLC
Chambersburg PA
CBHW060640170426
43199CB00012B/1621